지금, 한국을 읽다

지금, 한국을 읽다

빅데이터로 본 우리 마음의 궤적

배영 지음

아날로그

다른 이의 마음을 읽는 것은 참 어려운 일이다. 잘 아는 사람의 마음도 읽기 어려운데 하물며 일면식도 없는 이의 마음과 생각은 두말할 것도 없다. 그럼에도 우리는 소비자의 구매욕을 자극하기 위해, 유권자의 표를 얻기 위해, 국민이 원하는 바를 포착하고 정책을 수립하기 위해 끊임없이 타인의 마음을 읽으려 노력해왔다.

오래전부터 다른 이의 마음을 들여다보기 위해 가장 많이 활용해온 방법은 직접 묻는 것이다. 무엇을 원하는지, 어떻게 생각하는지 말이다. 직접 얼굴을 마주보고 묻기도 하고, 질문지 형태의 서면으로도 의견을 얻어왔다. 관찰하는 방법도 있다. 반복되는 타인의 행동을 보고 그 이유를 유추하는 방식이다. 그러나 그렇게 얻은 조사 결과의 신뢰도나 정확도에는 언제나 의문이 제기되어왔다. 자신을 솔직하게 드러내려 하지 않는 인간의 본성을 웬만해서는 거스를 수 없으니, 이를 감안해서 결과를 보정하는 방법을 고안해 사용해왔지만 여전히 한계가 존재했다.

이런 맥락에서 빅데이터를 통해 사회 구성원의 마음과 사회 변화추이를 읽으려는 노력이 시작되었다. 물론 이 역시 완벽한 방법이라할 수는 없지만, 이미 생산된 엄청난 양의 데이터를 바탕으로 개인의 생각뿐 아니라 사회 변화 흐름과 그 원인을 포착해낼 수 있다는점 때문에 각광받고 있다. 특히 데이터와 알고리즘의 중요성이 절대적인 4차 산업혁명이 도래하고 있어 빅데이터를 향한 관심은 지속적으로 커지는 추세다.

그렇다면 '빅데이터'인가, 아니면 '빅 데이터'인가? '빅데이터'라고 하면 이제까지는 존재하지 않았던 새로운 개념의 고유명사로 볼수 있고, '빅 데이터'라고 한다면 새로운 개념이라기보다는 기존의데이터에 비해 더 거대한 덩어리의 데이터라는 의미가 된다. 현재우리가 사용하는 용어 '빅데이터'에는 두 가지 의미가 모두 내포되어 있다. 과거에는 데이터가 아니었던 행위의 잔여물이 데이터로 변환된 경우도 있고, 규모가 너무 큰 탓에 다룰 수 없던 데이터를 기술과 매체의 발달로 분석할 수 있게 된 경우도 있다. 그래서 개념을 새로 규정하기보다 빅데이터의 성립 조건을 따져보는 일이 더 유의미하다. 데이터로서 역할하려면 그 형태나 부피보다는 '의미'의 추출이 가능한지가 우선 고려되어야 한다.

여기서 한 가지 유념해야 할 사항이 있다. 빅데이터가 사회적으로 워낙 주목을 받다 보니 과도한 기대와 함께 만능열쇠처럼 여겨진다는 점이다. 존재하는 거의 모든 데이터를 분석할 수 있으니 표본의 한계를 극복하고 전수全數 분석이 가능하리라는 이유로 전지전능한 도구로 인식되는 것이다.

이론상으로는 옳은 설명이지만 이는 현실적으로 불가능하다. 세상에 존재하는 모든 데이터를 추출하는 일 자체가 실상 불가능에 가까운 데다, 데이터 추출 범위를 설정하는 과정에서 연구자의 자의적 판단을 완전히 배제하기 어렵기 때문이다. 게다가 의도적인 데이터 왜곡이 있었는지를 가릴 수 있는 방법 역시 제한적이다. 이를테면 SNS 등 소셜 데이터의 경우, 데이터 생산자의 필요에 의해 자발적으로 생산된 데이터임은 분명하지만 그것이 자신의 생각을 정리하기 위한 목적이었는지, 아니면 다른 이들에게 보이기 위한 것이었는지에 따라 내용의 진위와 정확성에 차이가 날 수밖에 없다.

이 책은 지난 2016년부터 2017년까지 2년간 《한국일보》에 연재한 〈빅데이터로 세상 읽기〉 칼럼을 모태로 한다. 한국 사회의 변화가 워낙 빠른 데다 하루가 멀다 하고 새로운 데이터가 엄청나게 생산된 탓에 대부분의 장을 거의 새로 쓰다시피 했다. 가능한 한 다양한 데이터에 접근해 해당 주제의 전반적인 양상을 살피고 그 이면에 숨은 의미를 찾고자 했으나 여전히 더 깊은 해석의 여지가 남아 있다.

우리 사회 구성원의 생각과 사회 변화 흐름을 다각도로 관찰하기 위해 트위터를 중심으로 한 SNS 데이터와 언론 기사 데이터를 주요 분석 대상으로 삼았다. SNS에는 개인의 일상적인 생각과 선호가 고스란히 드러나기에 데이터로서의 의미가 크다. 한편 언론 기사는 공적 영역에서의 담론 구조와 여론의 향방을 가늠하는 훌륭한 지표가 돼주었다.

앞서 언급했듯 빅데이터 분석에서 연구자의 자의적인 해석을 완전히 배제할 수는 없다. 가능한 한 엄밀성과 객관성을 유지하려 노력했으나 경제학이나 물리학 등 다른 분야의 연구자라면 같은 데이터이지만 다른 해석도 가능할 것이다. 사회학자의 눈으로 개인과 사회의 마음을 읽고자 했다는 점을 미리 밝혀둔다.

끝으로 이 책은 글담출판사 김종길 대표의 관심이 있었기에 출판될 수 있었다. 연재 당시부터 출판을 권유해주신 덕분에 지난한 작업을 이어갈 수 있었다. 아울러 전 과정에 걸쳐 수고를 아끼지 않은 김은하 편집자에게도 이 자리를 빌려 감사의 인사를 전한다.

2018년 11월

배 영

| 차례 |

들어가며 4

1부 | 우리 마음의 행로

혐오 한국 사회와 혐오, 우리가 꺼리고 싫어하는 것   13

불안 불안 사회, 무엇이 우리를 불안하게 하는가?   24

행복 한국인의 행복과 불행   34

분노 누가, 무엇에 분노하는가?   44

2부 | 변화하는 가족과 관계의 사회학

여가 쉼 없는 일은 불가능하고, 일 없는 쉼은 무의미하다   55

비혼 결혼과 비혼 사이   66

저출산 무엇부터 해결해야 할까?   75

혼밥 '스따'를 아시나요?   85

명절 연고는 유효한가?   95

3부 | 합리적 개인과 사회적 신뢰

김영란법　인정과 부패의 경계는?　109

적폐　우리 사회의 적폐 청산 대상은?　119

갑질　갑과 을의 건강한 공생과 상생은 불가능한가?　128

누진제　정부 신뢰와 제도변화　138

가짜 뉴스　'거짓' 같은 현실과 '진짜' 같은 뉴스 사이에서　148

4부 | 다가오는 미래와 새로운 과제

대학　이상과 현실 사이　161

북한　분단을 넘어 공존을 위한 동반자로　171

취업　일상화된 일자리 고민　183

미세먼지　이제야 자각한 오래된 위험　192

인공지능　인간의 반면교사　201

4차 산업혁명　우리 사회에서 4차 산업혁명의 의미는?　210

1부

우리 마음의 행로

혐오 | 불안 | 행복 | 분노

한국 사회와 혐오,
우리가 꺼리고 싫어하는 것

극혐極嫌. '심하게 미워하고 싫어함'을 의미하는 신조어다. 국립국어원의 사용자 참여형 인터넷사전 우리말샘에도 소개될 만큼 흔히 쓰이는 말이 되었다. '혐오'만으로는 충분히 감정을 드러낼 수 없어 생긴 말일 것이다. 우리 일상에서 워낙 널리 사용되다 보니 사회적 인정이 불가피해졌다. 또한 여성을 향한 혐오를 의미하는 '여성혐오', '여혐'도 각종 보도를 통해 어렵지 않게 접하게 되었다.

새롭게 등장했지만 빠르게 일상화된 혐오와 관련된 표현을 보면서 궁금증이 생겼다. 예전에는 없던 '극혐'이라는 말이 생길 만큼 특정한 대상이나 사회 전반에 대한 혐오의 정도가 심해진 걸까? 아니면 대상은 변함이 없는데 느끼는 정도가 달라진 걸까?

흐름을 살펴보니 정도도 심해졌고 대상 또한 더 넓어졌다. 대개 혐오는 소수자집단을 향한 다수의 압력과 비난이다. 그래서 혐오 문제는 곧 평등과 공정, 정의의 문제로 여겨지며, 서구에서는 차별금지법 등을 통해 제도적으로 대응하고 있다. 특히 최근에는 기존의 소수집단 혐오를 넘어 집단 대 집단 갈등으로 문제가 심화되는 양상으로까지 번지고 있는데, 대표적인 사례가 여성 대 남성 구도로 증폭되고 있는 갈등이다. 해결을 위한 실마리를 찾기가 쉽지 않다. 악순환이 반복되고 있다.

미움에도 단계가 있다

애증愛憎. 언뜻 보기엔 동시에 존재할 수 없을 것 같은 사랑과 미움이 공존하는 상황을 의미하는 단어로, 주로 타인과의 관계를 설명할 때 많이 사용된다. 처음부터 애증 관계가 되는 경우는 흔치 않다. 사랑하는 사이였다가 시간이 지남에 따라 미움이 싹트는 경우도 있고, 처음에는 적대적이고 거부감이 큰 상대였지만 점차 교류하며 이해하는 마음이 커지는 경우도 있다.

애증 관계가 되기 위해서는 두 가지 전제가 필요하다. 당연하지만 우선 사랑과 미움이라는 감정이 섞이고 교차해야 한다. 다른 하나는 대상에 대한 구체적인 경험이다. 막연한 감정과 인식만으로는 복잡한 애증 관계가 성립하기 어렵다.

사람만이 애증의 대상이 되는 것은 아니다. 집단은 물론이고 나아가 국가도 타깃이 된다. '가깝고도 먼 나라'라는 수식이 붙는 일본이나 오랜 우방이자 혈맹이라고까지 이야기되는 미국 또한 우리 국민들에게는 애증의 대상이다. 그래도 애증은 새로운 가능성이 잠재된 감정이다. 그 상태 그대로 유지되거나 더 나빠질 수도 있지만, 한층 좋아질 수 있는 관계 또한 전제한다. 상황과 조건에 따라 변화가 가능하다는 의미다.

사랑은 한마디로 모든 것을 수용하고 허락하는 개념이다. 반면 미움은 단계적이고 다차원적이다. 증오와 혐오가 그중 하나다. 미움이 증폭된 증오와 혐오에는 의식적인 회피와 단절이 놓여 있다. 증오가 혐오보다 더 공격적이다. 하지만 증오는 관계와 감정의 교류가 전제된 반면 혐오는 외면과 회피, 그리고 단절 그 자체라 할 수 있다. 미워하고 싫어하는 감정에 과거의 경험이나 미래에 대한 불안과 공포 등 논리적인 이유가 존재하는 경우도 있지만, 그보다는 마음의 기저에서 막연하지만 강력한 기제가 작용하는 경우가 더 많다.

우리 사회에서 혐오에 대한 사회적 논의가 본격화된 것은 2016년에 발생한 '강남역 여성 살인 사건' 이후부터다. 2016년 5월 17일, 한 남성이 서울 강남역 인근 건물의 화장실에 숨어 있다가 일면식도 없는 여성을 칼로 살해한 사건이다. 사건 이후 강남역 10번 출구 앞에는 피해 여성에 대한 추모와 안타까움, 그리고 분노가 담긴 쪽지와 조화가 켜켜이 쌓여갔다. 경찰은 조사 결과 "조현병을 앓고 있는 피의자의 피해망상이 부른 범죄"라는 결론을 내렸고, 범죄의 동기가 된 남성의 망상이 "반드시 여성만을 대상으로 하는 것은 아니며 타인의 행동에 전체적으로 적대감을 드러내는 형태로 나타났다"*고 분석하며 여성혐오 범죄보다는 정신병력자의 일탈로 보는 것이 합리적이라는 주장을 펼쳤다.

하지만 가해자의 여러 진술과 사건 정황을 볼 때, 정신질환자의 우발적 범죄가 아니라 여성에 대한 잠재적 증오가 계획적이고 폭력적으로 표출된 사건이라는 주장이 여론에서는 보다 우세했다. 그러니까 가해자가 체포당한 직후 "평소 여자들에게 무시를 많이 당해왔는데 더이상 참을 수 없어 범행을 저질렀다"고 진술한 점과 그냥 '아무나'가 아니라 '여성 중 아무나'를 대상으로 했기에 여성혐오 사건으로 봐야 한다는 주장**이 그것이다. 아울러 실제 조현병으로 인한 범죄라면 오히려 "해당 남성의 무의식적 여성혐오를 잘 보여주는 것", "비합리적이고 비이성적인 사고에서 비롯된 공격성이 여성을 향하게 되는 그 무의식적 구조를 잘 보여주는 것"***이라는 분석도 잇따랐다.

* 〈'강남역 살인' 수사에 프로파일러 추가 투입… 추모 열기 이어져〉, 《매일경제신문》, 2016년 5월 20일자.
** 〈정신병력 거론, 가해자에게 면죄부 주는 것〉, 《오마이뉴스》, 2016년 5월 19일자.
*** 〈묻지마 살인 아니라 여성혐오 살인이다〉, 《뉴스1》, 2016년 5월 19일자.

대법원은 2017년 4월 13일 1심과 상고심에서 범죄를 저지른 김 씨에게 선고한 징역 30년을 확정했다.* 안타까운 죽음이었다. 사건 이후 추모의 쪽지와 조화가 쌓이며 우리 사회에 내재된 '혐오'에 대한 성찰의 필요성도 커졌다. 사건의 본질을 규정하는 문제에서 시작된 사회적 논의가 우리의 사회적 인식에 자리잡은 다양한 혐오의 본질에 대한 문제제기로 이어진 것이다.

혐오, 시설에서 사람으로

혐오嫌惡의 사전적 의미는 '미워하고 꺼림' 혹은 '싫어하고 미워함'이다. 감정 상태를 나타내는 말이지만, '즐거움'이나 '기쁨', '아픔', '슬픔' 등이 나를 중심으로 발생하는 감정이라면 혐오는 타자화된 대상을 필요로 한다. 그렇다면 우리는 그동안 어떤 대상을 미워하고 꺼리고, 또 싫어했을까? 이를 살펴보기 위해 '혐오'를 키워드로 지난 10년간의 《한국일보》 기사를 분석했다. 흔히 빅데이터 분석 대상으로 삼는 사회관계망서비스, 즉 SNS가 아닌 언론 기사를 대상으로 한 것은 개인적 문제를 넘어 사회적 공론의 차원으로 다뤄온 '혐오'의 주제와 대상이 무엇이었는지를 파악하기

---

* 〈'강남역 묻지마 살인 사건' 범인 징역 30년 확정〉, 《중앙일보》, 2017년 4월 13일자.

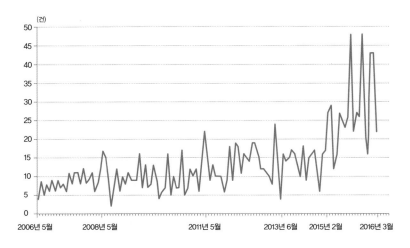

│ 혐오 관련 기사량 추이(2006년~2016년)

위해서다.

분석 데이터는 한국언론진흥재단의 뉴스 아카이브 분석 시스템인 빅카인즈서비스^{www.kinds.or.kr}를 활용해 추출했다. 지난 10년간(2006년 5월 21일~2016년 5월 20일) 《한국일보》가 생산한 혐오 관련 기사는 총 1,639건이었다.

이제까지 혐오 관련 기사는 꾸준히 생산되어왔지만, 특히 2015년부터 그 건수가 눈에 띄게 증가하고 있음을 월별 그래프를 통해 알 수 있다. 내용으로 보면 그동안 지속적으로 나타난 온라인상의 특정 집단 폄훼와 비하 문제에 대한 사회적 공론화 필요성을 제기한 기사가 많았다. 전체 기사량에 더해, 보다 정확한 내용을 파악하기 위해 해당 기사에서 혐오와 연관되어 함께 나타나는 단어들을 빈도순으로 추출했다.

분석 기간 중 전반기에 해당하는 2006년부터 2011년까지 5년간 기사에 나타난 주요 혐오 연관어는 '러시아', '주민들', '사람들', '시민들', '자원회수시설', '부산환경공단', '하남시' 등이었다. 이 시기에는 쓰레기 소각장, 납골시설 등 소위 혐오시설 유치를 둘러싼 지역 갈등 문제가 혐오 관련 기사의 주를 이루었다. 추출된 연관어 중 다소 의아하게 생각되는 '러시아'의 경우, 자국 내 이민족 혐오 사건 관련 기사도 있었지만, 동유럽의 핵폐기물을 수입하는 대가로 이윤

[2006년 5월~2011년 5월]

[2011년 5월~2016년 5월]

| 뉴스 기사에 나타난 혐오 연관어

을 추구했던 푸틴 정권에 대한 기사도 나타나 당시 우리 사회의 혐오 논의와 같은 맥락에서 이해가 가능했다.

그러나 이러한 양상이 최근 5년 동안 큰 변화를 맞았다. 2011년부터 최근까지 기사에 나타난 혐오 연관어는 '소수자', '오프라인', '사람들', '개똥녀', '강남역', '여성들', '신상녀', '강사녀', '동성애', '외국인', '장애인' 등이었다. 혐오의 주요 대상이 시설에서 사람으로 변화한 것이다. 동성애자나 외국인노동자, 장애인 등 사회적 소수자와 함께 'ㅇㅇ녀'로 대표되는 여성 이슈가 혐오와 연관되어 기사화된 횟수가 크게 증가했다.

기사 데이터 추이를 보면 특히 최근으로 올수록 혐오 관련 보도에서 여성들이 부정적으로 대상화됨을 알 수 있다. 일반적으로 매체에 기사화된다는 것은 해당 이슈가 보도할 가치가 있는 특별한 일이거나 지속적으로 문제가 제기되었지만 해결되지 않은 사안임을 뜻한다. 정치·사회 분야 전체 기사량에 비하면 적은 수이지만, 혐오 관련 기사가 꾸준히 이어졌다는 것은 간헐적이나마 지속적으로 사회적 차원의 대처 필요성이 제기되었다는 의미다. 과거에는 온라인상의 극소수가 보이는 일탈적 표현이나 개인 문제로 치부했던 혐오를 사회문제로 규정하고 그 대책을 촉구하는 목소리가 공론화된 것이기 때문이다.

혐오의 대상은 다양하다. 효과적인 논의를 위해서는 문제를 보다 명확하게 할 필요가 있다. 시설을 향한 혐오와 사람을 향한 혐오는 내용과 대응책이 다를 수밖에 없으며, 사람이라 할지라도 그 대상에 따라 혐오의 성격 또한 달라지기 때문이다. 사회비평가 박권일에 따르면 혐오하는 주체는 일반적으로 혐오하는 대상을 열등한 존재로 바라보지만, 그것이 실제 사회적 지위와 반드시 일치하지는 않는다.* 즉, 혐오 대상을 통해 자신의 우월성을 확인받고자 하기에 다수인 강자가 소수인 약자를 혐오하는 경우가 많지만, 우리 국민정서에 녹아 있는 정치인 혐오에서 볼 수 있듯 혐오가 항상 한 방향으로만 작동하는 것은 아니다. 대신 정치인 혐오에는 사회적 지위가 아닌 도덕적 우열의 맥락이 작용한다.

시설 혐오는 사회적 합의로 해결이 가능하다. 2017년 신고리 원자력 5, 6호기 건설 여부를 참여와 숙의에 기반한 공론화 조사로 풀어낸 사례가 좋은 예다. 생산적인 논의로 합의점을 찾을 수 있었다. 반면 사람을 대상으로 한 혐오는 개인의 감정 문제이기에, 또 공동체 내부에서 오랫동안 쌓아온 감정의 결과이기에 변화가 쉽지 않다. 제도적 차원에서 비교적 명확한 기준으로 혐오와 불평등 문제를 해결하고자 한 것이 차별금지법이다. 사회의 모든 영역에서 성별이나 외모, 장애, 나이, 출신 지역을 포함해 종교와 사상, 성적 지향 등을 이유로 한 차별을 금지하는 법률이다. 서구 각국에서는 1970년대부

---

* 박권일, 《#혐오_주의》(알마, 2016), 28쪽.

터 시행해왔지만, 한국에서는 정부가 2007년 처음 발의한 법안이 더 이상 진전되지 못한 채 여전히 국회에 계류 중이다.

이제는 치워졌지만 강남역 10번 출구에 켜켜이 쌓였던 수많은 조화와 쪽지가 전하는 분노와 불안, 서글픔, 미안함 그리고 체념의 메시지가 아직도 생생하다. 강남역 살인 사건은 우리 사회에 잠재되어 있던 혐오의 본질을 근원부터 따져보는 움직임을 촉발했다는 점에서 상징적이다. 이렇게 슬픔 속에서 본질적 문제 해결을 위한 노력이 시작되었지만 최근 나타난 이른바 '몰카', 즉 불법 촬영 범죄를 둘러싼 갈등 양상은 더욱 심각하다. 불법 촬영 범죄에 대한 편파 수사에 항의하는 집회에는 '여성에게 국가는 없다'는 구호가 내걸렸다. 그러나 이러한 일련의 움직임을 '남성 혐오'로 규정하고 배척하는 남성 쪽의 반발도 거세 남녀 간 갈등이 심화되고 있다.

결국 평등과 공정의 문제다. 어떤 사회적 혹은 심리적 기제가 작용하여 갈등이 증폭되고 혐오의 대상화가 작동하는지, 그로 인한 피해와 고통이 어떤 식으로 구체화되는지, 또 차별 없는 평등한 사회를 만드는 데 실질적으로 기능할 수 있는 제도적 장치는 무엇인지 등에 대한 체계적 논의가 시급하다. 제도 마련과 함께 사회 인식 면에서도 성찰과 반성이 필요하다. 단절하기 위한 외면이 아닌 되돌아보기의 태도가 나타나야 한다. 또한 다름에 대한 관용 이전에 인정과 존중이 우선해야 한다. 갈등 양상에서 터져 나오는 아픈 목소리에 공감하지는 못하더라도, 적어도 귀를 기울이려는 노력과 함께 쏟아지는 질문에 어떤 대답을 줄 수 있을지 진지한 고민이 필요하다. 해결을 원한다면 말이다.

데이터 출처

한국언론진흥재단의 빅카인즈서비스(《한국일보》 기사를 대상으로 2006년~2016년의 데이터를 추출함).

불안 사회,
무엇이 우리를 불안하게 하는가?

과학의 미덕 중 하나는 미래 예측 가능성을 높여주는 것이다. 우리
는 미래 예측 결과에 따라 행위의 기준을 설정한다. 무엇을 해야 하
고 또 하지 말아야 하는지, 무엇을 먼저 해야 할지, 그리고 그렇게 했
을 때 기대할 수 있는 것은 무엇인지 등, 행위의 기준과 내용이 명확
해질수록 개인들은 시간을 능동적으로 사용할 수 있다. 그리하여 인
간은 미래 예측을 위해 과거와 현재의 현상을 분석하고 패턴을 찾으
려는 노력을 계속해왔다. 과학의 역사는 곧 설명과 예측을 위한 시
간이었다.

　그 결과 과학은 눈부시게 발전했지만, 다가올 미래에 대한 개인의
불안은 여전한 것 같다. 오히려 아는 것이 많아질수록 예측을 필요

로 하는 영역이 넓어지고, 불안 또한 증폭되는 것이 아닌가 하는 생각마저 든다. 예측의 정확성은 과거보다 높아졌고 설명의 여지도 줄어들었지만, 남은 미지의 영역이 품고 있는 불안은 더 커진 느낌이다. 예측의 불완전성이 또 다른 불안을 가져왔다.

불안과 두려움

불안은 일반적으로 마음 기저의 심리적 상태에 기반해 매우 다양한 증상을 수반한다. 불안은 대개 포괄적이고 산발적인 대상에 의해 발생하지만, 때로는 특정한 사물이나 구체적인 상황에 의해 발생하기도 한다. 우리는 일반적으로 이것을 '두려움'이라 말한다.* 보편적 불안과 특정한 대상에 대한 두려움은 개인이 처한 사회적 여건과도 관계가 있고 상황에 따라 누구에게나 존재하는 심리상태로 보기도 하지만, 심한 경우 장애로 규정되기도 한다.

불안을 야기하는 대상과 그 모습은 시대에 따라 달라졌다. 산업화 이전에는 폭력과 기근, 전염병이 만연하고 물질 자원이 부족한 상황이었기에 기본적인 생활에 대한 불안이 가장 두드러졌다. 개인의 불안이 심리적 장애로 정의되기 시작한 것은 19세기경, 사람들이 기본

---

* 앨런 호위츠,《불안의 시대》(이은 옮김, 중앙북스, 2013), 21쪽.

적인 수준의 안전과 삶의 확실성을 어느 정도 기대할 수 있게 된 이후부터다.* 그리고 오늘날의 사회현상을 설명할 수 있는 합리적인 틀이 갖춰진 이후에야 미래를 향한 불안이 본격적인 고려 대상이 된다.

미래를 향한 불안도 결국은 삶에 대한 개인의 태도와 지향에 따라 좌우된다. 불안을 주제로 많은 연구를 진행한 덴마크의 윤리학자 아르네 그뢴Arne Grøn은 키르케고르Søren Kierkegaard의 불안 개념을 설명하면서 다음과 같이 말했다. "미래가 우리를 불안하게 만드는 것이 아니라, 미래에 관한 우리들의 생각이 불안을 일으킨다." 즉, 미래는 아무것도 결정되지 않은 어떤 것이기 때문에 불안을 가져올 근거가 되지 않지만, 인간이 미래의 불확실한 '자기 자신'과 분투할 때 그것이 미래를 향한 불안으로 투영된다는 것이다.**

그렇다면 지금 한국 사회를 살아가는 우리는 무엇에 불안을 느낄까? 하루가 멀다 하고 언론에 보도되는 사건 사고는 물론이고 해결이 요원한 사회적·환경적 과제도 국민의 불안을 추동하는 원인이 된다. 건강에 직접적인 영향을 미치는 미세먼지나 예고 없이 찾아오는 지진 같은 난제와 함께 생활 안전을 저해하는 범죄와 사고도 일상에서 늘 마주하게 되는 불안 요인들이다. 이런 상황을 반영하듯

---

* 앨런 호위츠, 앞의 책, 35쪽.

** 아르네 그뢴 《불안과 함께 살아가기》(하선규 옮김, 도서출판b, 2016), 28~29쪽.

20대 국회는 미세먼지 대책을 최우선 과제로 설정하기도 했다.

경제문제도 국민의 불안과 밀접한 관계에 있다. 여론조사업체인 마크로밀 엠브레인의 자료에 따르면, 우리 국민은 고용과 취업(49.9%), 경제 상황 악화(49.7%), 가계부채(39.1%), 실직(32.6%), 혼자 되는 것(32.1%)에 가장, 그리고 자주 불안감을 느낀다고 한다. 상위 다섯 요인 중 경제 요인이 네 가지나 된다.* 또한 같은 조사에서 불안을 극복하는 방법으로는 텔레비전을 보며 관심을 다른 곳으로 돌린다(48.7%), 친한 사람들과 대화를 나눈다(46.8%), 개인 컴퓨터나 노트북을 이용한다(40.9%), 스마트폰을 이용한다(34.9%) 등의 응답이 나타났다. 전반적으로 불안 요소에 직접 맞서기보다는 불안한 마음과 상황을 잠시라도 잊을 수 있는 다른 수단을 찾아 회피하는 방식을 취하고 있었다.

기사 속 불안,
경제 영역이 압도적인 비중

빅데이터를 통해 보다 심층적인 차원에서 우리 국민이 느끼는 불안의 지형을 파악해보고자 했다. 사람 사는 세상

---

* 최인수 외,《불안 권하는 대한민국, 소비자들의 마음을 읽는다》(마크로밀 엠브레인 엮음, 지식노마드, 2014), 274쪽.

이라면 상존하는 것이 불안이지만, 어느 시기에 불안에 대한 사회적 논의가 많이 나타났고, 또 우리 국민이 무엇에 불안을 느끼는지 살펴보고 싶었다. 이를 위해 지난 10년간의 기사와 최근 SNS에 나타난 불안의 양상과 변화 흐름을 분석했다.

먼저 지난 10년간의 기사에 나타난 '불안' 출현 횟수를 살펴보았다. 기사는 대개 불안의 대상과 주체를 명시한다는 특성을 갖는다. 아울러 공론의 장이라고 할 수 있는 신문기사에 나타나는 '불안'의 빈도 및 추이는 곧 사회적 불안의 정도와 양상을 가늠하는 척도로 볼 수 있기에 분석 대상으로 설정했다. 분석 대상 기사는《한국일보》를 포함한 총 10개 일간지에서 추출했다.

불안은 과거의 경험에 기반한 감정이지만 미래를 지향한다. 다양한 불안 요인 중 '군대'와 같이 남성들에게 실제적 두려움을 유발하는 무언가는 겪어낸 후 해소될 수 있는 불안이다. 하지만 반복적으로 경험해야 하는 일이거나 경험하지 못해 막연하고 예상이 어려운 대상에 대한 불안은 내재되고 축적된다.

그래프에서 볼 수 있듯 기사 속 불안에 대한 언급은 비교적 꾸준하게 나타났다. 분석 기간 중 불안을 포함한 기사량이 눈에 띄게 증가한 시기는 2008년 10월과 2015년 6월이었다. 2008년 10월은 미국 투자은행인 리먼 브러더스의 파산으로 인한 국제 금융위기의 영향으로 국내 금융시장의 불안정성이 극도로 높았던 시기다. 또, 비교적 최근인 2015년 6월에는 메르스 전염에 대한 공포가 급속히 고조

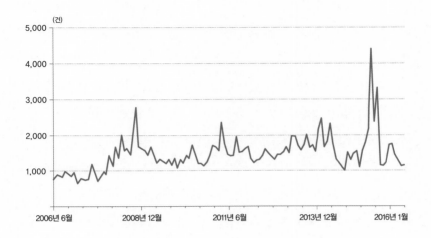

| 뉴스 기사에 나타난 불안 빈도 추이(2006년~2016년)

되었다.

둘 모두 개인으로서는 어찌할 수 없는 구조적인 문제지만, 사회 구성원들에게 전방위로 영향을 미친다는 특징을 지닌다. 이러한 전반적인 추이와 내용을 보다 자세히 살펴보고자 기사에 등장하는 연관어를 분석했다.

분석 결과 무엇보다 한 가지 흐름이 뚜렷이 나타났다. 지난 10년간 우리 사회에서 불안과 가장 밀접한 연관을 보인 영역은 단연 경제 부문이었다. 물론 같은 경제 영역이라도 시기별 차이는 있었다. 전반기 5년인 2006년부터 2011년까지는 세계경제의 불안정으로 인한 불안이 두드러진 반면 2011년부터 2016년까지는 '가계부채', '내수 침체', '경기침체' 등 국내 경제 상황에 대한 불안이 더 크게 나타났다.

경제 키워드 외에는 이념적 지향의 차이에서 기인한 사회갈등 이슈와 유전자 재조합 식품GMO을 둘러싼 먹거리 이슈 등이 불안 연관어로 꾸준히 나타났다. 또한 분석 전반기에 등장한 '천안함', '북한 리스크', '대북정책'과 같은 북한 연관어가 후반기에는 상대적으로 줄어든 반면, 전 사회적으로 광범위하게 불안을 증폭시킨 '메르스'가 새롭게 등장했다. 또한 '자기계발', '코칭', '힐링' 등 불안을 극복하려는 다양한 개인적 노력이나 불안의 근거이자 해소 도구로 활용

우리나라 천안함 GMO 기독교
북한 소행 이명박 대통령 이슈
대북정책 북한 리스크 사회갈등
금융시장
남유럽 재정위기
외환시장 세계경제
우리 경제 자본시장 안정 쌍곡선
멕시코 EU

[2006년 6월~2011년 5월]

외국인 기독교 **메르스**
대외적 GMO
종북좌파
북방한계선 수구보수주의자들
가계부채
내수 침체 국제 금융시장
투자자들 경기침체 불확실성
중국 신흥국 **자기계발** 힐링
선진국 **코칭** 스마트폰

[2011년 6월~2016년 5월]

| 뉴스 기사에 나타난 불안 연관어

되는 '스마트폰' 등 개인의 일상에 직접적인 영향을 미치는 연관어도 볼 수 있었다.

개인에겐
일상 자체가 불안하다

기사에 나타난 불안 요소와 함께 일상 속 개인은 어떤 이유로 불안을 느끼는지 SNS 분석을 통해 파악해보았다. 2016년 3월 2일부터 6월 1일까지 3개월간 트위터와 블로그 게시물을 분석한 결과, 불안과 관련해 가장 빈번하게 등장한 연관어는 '오늘', '시험', '자신', '관계', '일' 등이었다. '시험'이나 '일'과 같이 의무적으로 해야 하는 것에 대한 불안은 쉽게 이해되지만, 미래가 아닌 '오늘', 타인이 아닌 '자신', 그리고 타인과의 '관계'에 대한 부분은 앞으로 심층적인 논의를 통해 이해해야 할 것이다.

불안은 현재의 감정이지만, 불안이 현실화되는 시점은 미래다. 미래를 맞이하는 개인의 준비나 마음가짐에 따라 불안의 정도는 달라질 것이다. 하지만 현재의 팍팍한 일상이 미래를 생각할 여유조차 제공하지 못하는 듯하다.

아울러 '관계'의 경우 함께 살아가며 서로에게 의지가 되어야 하는 상대에 대한 불안이기에 개인에게 미치는 영향이 더욱 크다. 최근 등장한 '관태기(관계+권태기)'라는 신조어에서도 드러나듯, 관계에서 얻는 것보다 관계에 대한 부담이나 피로감이 훨씬 큰 것이다. 같은 맥락으로 '남자', '여성', '사람들', '연인' 또한 관계로 인한 불안으로 파악된다. 같이 생활하고 함께 살아가야 할 사람에게 느끼는 불안이기에 마땅한 해결책을 찾기가 쉽지 않다. 혼자 살 수 없는 세상이니 말이다.

불안의 전 단계로 볼 수 있는 긴장의 경우, 적당히만 유지된다면 일의 능률과 성과를 높이는 데 도움이 된다는 연구 결과도 있다. 하지만 불안은 다르다. 다가올 미래에 대한 불안은 건강한 긴장의 결과로 볼 수도 있지만, 현대인의 삶에 필수적인 요소이자 환경이라 할 수 있는 '핸드폰', '학교', '하루 종일', '휴식' 등의 키워드에 편재된 불안에는 오늘을 살아가는 개인의 일상이 고스란히 드러난다.

| SNS에 나타난 불안 연관어(2016년 3월 2일~6월 1일)

마지막으로 최근 사회적으로 크게 논란이 된 '혐오'나 '묻지마 범죄', '성범죄' 등의 이슈와 함께, 먹거리와 관련해 수년간 지속적으로 논의되어온 'GMO'도 눈에 띄었다. 이들 역시 불안을 느끼는 주체는 개인이지만 해결을 위해서는 개인의 차원을 넘어선 접근이 필요하다는 특징을 갖는다.

정치권과 정부가 해야 할 일이 많다. 살기 좋은 나라를 만들기 위한 노력은 국민들의 불안과 불편을 제대로 파악하는 것에서 시작해야 한다. 다가올 미래 자체가 불안한 것이 아니라 미래를 맞이하는 사람들의 생각이 불안하다는 그렌의 지적은 유효하다. 하지만 미래의 예상 가능한 문제를 해결할 수 있는 효과적이고 체계적인 대책이 마련된다면 구체적인 불안 요소는 지워나갈 수 있을 것이다. 개인의 노력으로 극복할 수 있는 일상의 불안은 각자의 몫으로 남겨두더라도 사회적 대책이 필요한 거시적 문제에 대해서는 장단기적인 계획 하에 정부가 보다 적극적이고 근원적으로 대처해야 한다. 그렇게 마련된 예측 가능성이 불안을, 그리고 불안을 마주해야 하는 우리의 두려움을 상쇄시켜줄 것이기 때문이다.

데이터 출처

기사: 한국언론진흥재단의 빅카인즈서비스(10개 언론사를 대상으로 2006년~2015년의 데이터를 추출함).
SNS: 닐슨코리안클릭의 버즈워드데이터(트위터와 블로그 게시물을 대상으로 2016년 3월 2일~6월 1일의 데이터를 추출함).

행복

한국인의
행복과 불행

행복은 개인이 지향하는 궁극적 목표이자 가치다. 행복을 위해 일하
고, 여가를 가지며, 가족을 구성해 살아간다. 행복에 이르기 위해 애
쓰는 과정은 각자 다른 모습일 수 있지만, 결국 다다르고자 하는 목
적지는 행복이다.

　이처럼 모두가 바라는 행복이지만 저마다의 기준과 상황에 따라
행복의 모습은 달라진다. 그렇기에 개인 수준에서, 주관적 감정과 상
태를 중심으로 주로 언급된다. 하지만 행복과 불행이 꼭 개인만의
문제일까? 사회구조적 요인이 개인의 행복과 불행에 더 크게 작용
하지 않을까? 사회학자 뒤르켐Emile Durkheim은 저서 《자살론La Suicide》에
서 개인의 선택에 의한 자살이라 할지라도 아노미적 사회에서 훨씬

더 많이 발생한다는 결과를 실증적으로 분석한 바 있다. 지극히 개인적 선택으로 보이는 자살의 경우에도 그 기저에는 구조적 강압이 작용한다는 것이다.

행복도 같은 맥락으로 이해할 수 있다. 개인의 행복에 대한 관심과 함께 행복한 사회를 만드는 사회적 조건에 대해서도 질문이 이어진다. 개인을 행복하게 하는 사회는 어떤 사회일까? 어떤 사회가 구성원의 행복에 긍정적인 영향을 주고, 또 어떤 개인이 모여 살아갈 때 그 사회를 행복한 사회라 할 수 있을까? 이에 대한 답을 찾고자 행복을 객관적으로 측정 가능한 개념으로 설정하려는 노력이 지속되고 있다. 대표적으로 국제연합^{UN}과 경제협력개발기구^{OECD}에서는 개별 국가의 국민소득과 국민의 여가 실태 및 건강 정도, 주거환경 등의 요인을 지표로 활용, 종합하여 해마다 행복지수를 발표한다.

UN이 발표한 〈2016 세계 행복 보고서^{World Happiness Report 2016}〉에서 한국은 조사 대상 157개국 중 58위를 기록했고 OECD가 발표한 〈더 나은 삶 지수^{Better Life Index}〉 순위에서는 38개국 중 28위에 올랐다. 최근 갑자기 순위가 낮아진 것이 아니라 이전부터 지속적으로 비슷한 수준을 유지하고 있었다. 세계 속 한국의 경제적 위상을 생각한다면 이는 분명 기대에 미치지 못하는 순위다. 한편 국가 간 비교를 위한 객관적 거시지표 위주의 통계치이기에 '헬조선'이나 '이생망(이번 생은 망했다)' 같은 현실의 생생함과 절실함이 묻어나지는 않는다.

행복의 조건

행복해지기 위해서는 무엇을 어떻게 해야 할까? 우선 사람들이 무엇을 행복이라 생각하는지, 무엇을 통해 행복을 느끼는지, 그리고 그것을 성취하거나 얻기 위해 어떤 노력을 하는지를 파악해야 할 것이다.

많은 이들이 자신에게 결핍된 무언가를 채움으로써 얻는 것을 행복이라 말한다. 이 무언가에는 물질적·비물질적 조건이 모두 포함된다. 독특한 시각의 주목할 만한 연구도 있다. 하버드대학 의과대학 교수인 조지 베일런트George Vaillant는 42년간 졸업생 268명을 대상으로 행복의 조건을 찾는 연구를 진행했다.* 장기 종단적인 연구였기에 시간의 경과에 따라 대상자의 수가 줄어들긴 했지만 연령 변화에 따른 행복의 조건 변화를 살펴볼 수 있었다. 연구 결과 교육이나 결혼생활, 건강 등 신체적·정신적 요인도 있었지만, 보다 흥미로운 부분은 베일런트가 제시한 '고통에 대응하는 성숙한 방어기제'라는 조건이었다.

고통은 삶에서 피할 수 없는 요소다. 개인이 처한 상황과 경험에 따라 그 내용과 형태가 다르고, 같은 고통이라도 받아들이는 개인에

---

* 조지 베일런트, 《행복의 조건》(이덕남 옮김, 프런티어, 2010), 16~17쪽.

따라 정도가 다르게 나타날 수밖에 없다. 누구나 겪는 문제라 할지라도 그 고통을 어떻게 느끼고 극복하는지는 개인에 따라 달라진다. 베일런트의 독특한 시각을 엿볼 수 있는 부분은 행복을 정의하는 방식이다. 이제까지는 대개 행복을 다양한 조건을 갖춤으로써 얻는 무언가로 규정해온 반면, 베일런트는 행복을 삶에서 한 번은 마주할 수밖에 없는 고통의 통제와 극복을 통해 취할 수 있는 무언가로 보았다. 행복이 궁극적인 지향점이 될 수도 있지만 특별한 고통이 없다면, 아니 고통이 있더라도 그것을 현명하게 통제하고 조정할 수 있다면 행복은 생각보다 우리 가까이에 있다는 것이다. 조건을 더해나가며 쟁취하는 행복이 아닌, 고통을 제거하며 유지하는 행복에 방점을 두었다.

행복에 대한 언급,
국가 위기와 함께 오히려 급증

　　　　　　더 구체적으로, 오늘날 개인이 체감하는 행복의 실체를 파악해보자. 2016년 1월, 《한국일보》는 우리나라를 포함한 4개국(한국, 미국, 일본, 중국)의 행복을 비교해 기획기사를 연재한 바 있다(〈저성장시대 행복 리포트〉). 먼저 4개국을 대상으로 행복에 대한 설문조사를 실시한 뒤 2015년에 생산된 국가별 빅데이터를 비교하며 각국의 행복 실태를 파악했다. 다양한 함의가 발견되었지만 한국은 다른 나라에 비해 가족 중심의 내집단 지향적 행복 추구가 두드러졌고, 일과 상황을 자신이 얼마나 주도할 수 있는지가 행복의 정도를 결정하는 주요한 요인으로 나타났다.

그렇다면 유난히도 다사다난했던 2016년 한국 사회에서 행복은 사람들에게 어떻게, 얼마나 언급되었을까? 자기 소임을 다하지 못한 대통령은 물론이고 사실상 기능을 정지한 정부를 바라보는 국민들의 마음은 어땠을까? '국정농단'이라는 사태를 겪으며 국민은 1998년 IMF 경제위기에 버금가는 충격을 받았다. 알 수 없는 상실감과 허무함에 잠 못 이루고 있다는 토로를 곳곳에서 쉽게 접할 수 있었다.

하지만 위에서 살펴본 것처럼 행복은 복잡다단한 특성을 지니고 있다. 어떤 한 요소가 부족하더라도 그 빈자리를 채우고 남을 만큼의 다른 무언가가 존재한다면 행복의 조건이 충족될 수 있지 않을까? 효과적인 비교를 위해 대표적인 SNS 채널인 트위터의 2015년과 2016년 데이터에 나타난 우리 국민의 '행복' 언급 추이를 분석한 뒤, 2016년 데이터를 중심으로 어떤 내용과 함께 행복이 언급되었는지 살펴보았다.

먼저 트위터상에서의 행복 언급 분석 결과를 보자. 분석 데이터는 2016년 1월 1일부터 12월 31일까지 생산된 트위터 게시물을 대상으로 추출했다. 보다 면밀한 파악을 위해 같은 방식으로 수집한 2015년 데이터와 함께, 행복의 반의어 '불행'의 언급 추이도 살펴보

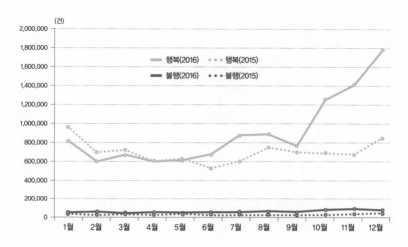

(건)

| SNS에 나타난 행복과 불행의 언급 추이 비교(2015년, 2016년)

왔다.

그래프에도 잘 나타나듯 불행에 비해 행복이 월등히 많이 언급되었다. 구체적으로는 행복이 약 14배 많은 빈도로 언급되었는데, 이 추이는 2015년과 큰 차이가 없었다. 아무래도 행복이란 말은 일상에서 흔히 쓰이는 반면 불행은 특수한 상황이나 사건이 발생할 때만 주로 사용되는 경향이 그 이유 중 하나일 것이다.

흥미로운 점은 2016년의 경우 행복에 대한 언급이 10월 이후 급증한다는 것이다. 아이러니하다. 10월을 기점으로 '최순실 국정농단' 사태를 알리는 보도가 시작되었고 12월에는 대통령의 부적절한 국정 운영을 이유로 국회의 탄핵소추안이 가결되었기 때문이다. 이 같은 일련의 사태로 국민의 허탈감과 분노는 최고조에 달했고, 이는 사실상 새로운 정부가 출범할 때까지 계속되었다.

그런데 왜 이 시기부터 행복에 대한 언급이 급증한 것일까? 원인을 찾기 위해 SNS 내용을 살펴보니, 행복을 현재 상황을 묘사하기 위해 언급한 것이 아니라 앞으로 달성해야 할 목표로 언급하고 있었다. 즉 당시 행복은 한국 사회에서 느낄 수 있는 것이 아닌, 미래에 성취해야 할 목표였던 셈이다.

행복과 불행 사이

다음으로는 행복과 불행이 어떤 키워드와 함께 언급되었는지 파악해보았다. 행복과 관련한 주요 연관어들을 그 빈도에 따라 배열해보니 2015년과 큰 차이가 없었다. 가족을 직접 언급한 경우는 많지 않았지만 '우리', '사람', '함께' 등에서 볼 수 있듯 관계가 행복에 큰 영향을 미치고 있음을 알 수 있었다. 베일런트 역시 행복에 있어 관계의 중요성을 강조하며 "행복하고 건강하게 나이듦을 결정하는 것은 지적 능력이나 경제적 계급이 아니라 사회적 인간관계다"라고 말한 바 있다.* 나아가 약 47세까지 형성된 인

---

* 조지 베일런트, 앞의 책, 17~18쪽.

간관계는 이후 삶의 행복을 좌우하는 중요한 조건이 된다고 베일런트는 설명한다.

시간적으로는 '오늘'이 주요 연관어로 매우 빈번하게 나타났다. 하루하루의 소소한 일상 속에서 마주하게 되는 감사하고 기쁜 일들이 행복과 직접적으로 연관되어 등장했다.

2015년과의 차이는 '불행' 연관어에서 두드러졌다. 2015년의 경우 미래의 불확실성에 대한 막연한 불안이 불행과 관련해 주로 언급된 반면, 2016년에는 보다 직접적인 키워드가 등장했다. '사람'은 행복과 함께 언급되기도 했지만 불행 연관어로도 큰 비중을 차지했다. '우리'가 아닌 '나'와 '너'를 볼 때, 주체와 객체가 분명한 관계 문제에서 불행이 야기됨을 추측해볼 수 있었다.

| SNS에 나타난 행복 연관어(2016년)

또한 결핍이 드러나는 '못하다', '하고 싶다' 같은 표현이나 대개 어떤 일의 원인이나 까닭을 찾을 때 사용하는 '때문에'라는 말에도 직접적인 불행과 불만이 표출되고 있는 것으로 판단되었다. 이와 관련해 행복 연관어로는 '때문에'에 대응하는 '덕분에'가 등장하고 있었다.

무엇보다 '대통령', '박근혜', '한국', '국민', '국가', '나라' 같은 단어가 등장한다는 점이 특징적이었다. 2016년의 대한민국은 국민의 행복을 위해 일하고 노심초사해야 하는 지도자의 몰락을 경험했고, 이는 국민들을 불행하게 하는 직접적인 원인이 되었다.

행복은 주관적이고 상대적인 가치다. 그렇기에 삶을 위한 기본조건을 갖추는 것만큼이나 추구하는 가치에 대한 의미 부여가 중요하

| SNS에 나타난 불행 연관어(2016년)

다. 현재의 행복이 주관적인 판단과 만족의 정도에 따라 결정된다면, 미래의 행복은 추구하는 가치에 자리한다. 이런 점을 고려할 때 분석한 내용 중 가장 눈에 띄었던 것은 우리 국민의 성숙함이었다. 국가 위기 상황에서 오히려 행복을 더 많이 이야기하며, 어려울 때일수록 미래를 내다보고 희망과 의지를 함께 다져가는 우리가 있었다.

앞서 언급했듯이 베일런트는 중요한 행복의 조건으로 '고통에 대응하는 성숙한 방어기제'를 꼽았다. 예상치 못한 국가적 사태였기에 경험한 적 없는 허탈과 정신적 고통을 받는 와중에도 우리 국민은 나름의 '성숙한 방어기제'를 작동시킨 것이다.

앞으로도 많은 변화와 어려움은 계속되겠지만 그 또한 지나갈 것이다. 다만 미래의 대한민국은 행복한 개인이 곧 행복한 국민인 나라가 되기를 기대한다.

데이터 출처

닐슨코리안클릭의 버즈워드데이터(약 2,200만 개 트위터 계정에서 2015년 1월 1일~12월 31일의 데이터를 추출함).

분노

누가, 무엇에
분노하는가?

한동안 '보복운전'이 연일 뜨거운 사회적 이슈였다. 관련 보도는 점차 줄어들었지만 도로 위 사정은 여전히 비슷할 것이다. 보복운전이 사람들의 입에 오르내리면서 '분노 조절 장애'라는 말도 흔히 쓰이게 되었다. 화와 분노를 스스로 조절하지 못하는 성격장애를 의미한다. '장애'라는 말에서 알 수 있듯 분노는 일반적이지만 그 조절이 모두에게 가능한 것은 아니다.

누구나 살면서 분노를 느낀다. 빈도와 정도의 차이만 있을 뿐. 같은 일에도 분노를 느끼는 사람과 그렇지 않은 사람이 있다. 화가 나는 상태가 지속되고 그 대상이 구체적인 인물이나 현상일 때 분노는 축적되거나 표출된다. 인간의 감정 문제이지만 원인은 매우 다양하다.

내 문제에 나보다 타인이 더 분노하는 경우도 있다. 마찬가지로 당사자가 분노하지 않기에 더 분노하는 나를 발견할 때도 있다. 상상할 수 없는 일이 현실에서 일어날 때 호기심이 분노로 바뀌는 현상을 볼 수도 있다. SNS와 뉴스 보도를 통해 우리 모두를 충격에 빠뜨린 2017년 9월의 부산 여중생 폭행 사건이 대표적인 예다.

여러 명이 여중생 한 명을 2시간 이상 벽돌과 쇠파이프, 의자 등으로 무자비하게 폭행했다. 경찰 수사로 사건의 전모는 어느 정도 밝혀졌지만 의문은 여전히 남았다. 그런 잔인한 폭력을 야기한 아이들의 분노는 어디에서 기인한 것일까? 설령 분노가 있었다 한들, 왜 그것을 폭력으로 표현해야만 했을까? 주위의 다른 학생들은 당시 상황으로 또 다른 분노를 느끼진 않았을까? 무엇보다, 폭력을 행사한 학생들의 분노는 해소되었을까?

사건을 접한 사람들의 분노는 쉬이 가라앉지 않고 소년법 폐지 여론으로 이어졌다. 현재 소년법은 청소년범죄에 대해 교화를 통한 선도를 우선한다는 원칙으로 성인에 비해 낮은 처벌을 내린다. 국민들은 청와대 청원 게시판을 통해 뜻을 모았다. 가해 학생들의 폭력 정도가 너무 심하고 계획적이며 반성의 기미가 보이지 않는다는 이유로 소년법 폐지 혹은 개정을 요구한 것이다. 공분公憤이라 불리는 또 다른 분노가 분출되었다.

분노는 당연한 일이 실현되지 않을 때 생겨난다. 다만 사람마다, 사회마다 '당연함'의 기준이 다르기에 분노의 생성과 발현을 일반화하기는 어렵다. 개인 혹은 사회가 드러내는 분노의 양상, 즉 누가 무엇에 얼마나 분노하는지를 파악한다면 사회 구성원들의 가치 기준과 갈등 및 대립 지점을 명확히 할 수 있다.

사회 구성원이 공유하는 가치 기준을 파악하는 일은 중요하다. 특히 우리 정부가 오랫동안 정책적 목표이자 과제로 설정해온 '사회통합'을 위해서는 국민 갈등과 대립의 지형을 우선적으로 파악해야 한다. 이런 맥락에서 '분노'를 키워드로 우리 사회에서 표출되어온 분노의 양상과 내용을 이해하고자 했다.

이명박 정부 이후
'분노' 포함 기사량 급증

먼저 1990년 이후 생산된 기사를 대상으로 '분노'가 포함된 기사량이 어떤 추이를 나타내는지 살펴보았다. 이번 분석은 《한국일보》 기사만을 대상으로 했다. 일부 언론 매체의 경우, 분노와 관련한 기사가 스포츠와 연예 분야에 집중되어 스포츠 경기 결과나 연예인 사생활과 관련한 보도가 추출 결과로 다수 산출되어 사회 일반의 분노 추이를 파악하는 데 장애가 되었기 때문이다.

분노를 언급한 기사량 추이는 그래프에 나타나듯 전반적으로 꾸준히 늘어왔으며, 특히 2008년과 2011년, 2013년에 가파르게 증가했다. 2008년과 2013년은 대통령선거 이후 새로운 정부가 출범한 시기라는 공통점을 갖는다. 보다 구체적으로 분노의 주체와 대상을 추적하기 위해 추출된 데이터에서 차별적 특성을 갖는 시기를 구분해 시기별 연관어를 분석했다. 시기 범주는 2008년 이후 이명박 정부와 박근혜 정부, 문재인 정부, 이렇게 세 시기로 나누었다.

그 결과 세 시기에 모두 분노를 직접적으로 느낀 주체가 가장 빈번하게 언급되었다는 공통점을 발견할 수 있었다. 그러나 내용적으로는 시기별로 조금씩 차이가 있었다. 이명박 정부와 박근혜 정부 시기의 기사에는 '사람들'이나 '국민들', '시민들', '네티즌들' 등 우리 사회의 일반적인 구성원이 가장 많이 언급되었다. 평범한 사회 구성원이 느낀 분노가 가장 많이 보도된 것이다.

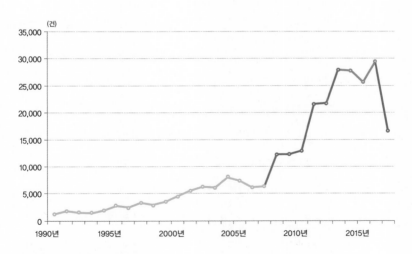

| 분노 관련 기사량 추이(1990년~2017년)

반면 문재인 정부 시기에는 미국의 트럼프 대통령이 그 자리를 차지했다. 북한의 핵과 미사일 도발에 대한 트럼프 대통령의 분노가 문재인 대통령 취임 이후 가장 많이, 큰 비중으로 보도된 것으로 판단된다. 아울러 '네티즌들', 'SNS' 등도 언급되었다. 분노의 전파 과정에 온라인의 역할이 얼마나 중요한지를 생각해보게 되는 대목이다.

다음으로 분노의 대상과 관련한 시기별 특성을 살펴보았다. 이명박 정부에서는 대개 국제적 사건이 분노의 대상이 되었다. 분석 전 예상으로는 촛불집회의 도화선이 되었던 미국산 소고기 수입과 관련한 내용이 추출될 것이라 생각했다. 하지만 전반적인 양상은 추측과 달랐다. 2008년 세계 금융위기를 야기한 월가Wall Street를 향한 분노나 자본의 폭력과 무관심에 경종을 울리는 내용으로 세계적인 베스트셀러 반열에 오른 스테판 에셀Stephane Hessel의 2011년 저서《분노하라Indignez-Vous!》가 영향을 미친 것으로 보인다. 또한 '재스민혁명'으로 촉발된 이슬람 지역의 민주화운동에 대한 정치 탄압도 분노의 대상으로 빈번하게 언급되었다.

박근혜 정부 시기에는 예상했듯 '세월호 참사'를 향한 분노가 다수 등장했다. 세월호 참사와 직접적으로 관련된 '아이들', '유족들', '청와대'도 함께 언급되었고, 장기화된 청년실업의 영향으로 다른 시기에는 없던 '청년들' 또한 출현했다.

문재인 정부 시기는 상대적으로 짧은 기간만을 살펴볼 수밖에 없었는데, 가장 눈에 띄는 키워드는 역시 북한이었다. 북한의 핵개발이

민주당 월가 유권자들 무슬림
유럽 국민들 무관심 중국 정치권 시위대 가해자
피해자 배신감
복수심 이명박 대통령 사람들 서민들
눈물 네티즌들 구제금융 주민들 시리아
한나라당 시민들

| 뉴스 기사에 나타난 분노 연관어(이명박 정부 시기)

유족들 세월호 참사 국민들 눈물
아이들 가족들 사람들 정치권 누리꾼
청와대 댓글 박근혜 대통령
대한민국 SNS 시위대
네티즌들 시청자들 청년들 시민들 눈빛
배신감

| 뉴스 기사에 나타난 분노 연관어(박근혜 정부 시기)

시민들 중국
사회관계망서비스 눈빛 사람들
민주주의 트럼프 대통령 피해자
SNS 배신감
박근혜 학부형 국민들 대한민국 아이들 김정은

| 뉴스 기사에 나타난 분노 연관어(문재인 정부 시기)

나 미사일 발사, 사드THAAD 배치 등과 관련해 이해관계자인 '트럼프 대통령', '김정은', '중국'이 다수 언급되었다. 아울러 앞서 언급한 부산 여중생 사건 등의 영향으로 학교폭력 문제를 향한 학부형들의 분노 또한 뚜렷하게 드러났다.

분노, 감정 소모가 아닌
발전을 위한 에너지로

화가 일시적인 감정이라면, 분노는 축적되어 폭발하는 감정이다. 성인聖人이 아닌 이상 누구나 살면서 화나는 일을 한 번쯤은 겪게 된다. 문제는 해결 방식이다. 일시적인 화를 그때그때 해소할 수 있다면 분노는 훨씬 줄어들 것이다. '분노 조절 장애'가 일상에서 흔히 쓰이는 말이 될 정도로 우리 사회는 '분노 사회화' 되었다. 물론 우리만의 문제는 아니다. 끊임없는 지역분쟁 및 종교갈등, 안정적 성장 패러다임의 후퇴와 함께 찾아온 장기 경제불황, 심화되는 양극화는 계속해서 세계를 불안정한 구조로 밀어넣고 있다.

이런 환경에 더불어 의식의 흐름도 작용했다. 현재의 불안정과 불평등이 비단 나에게 국한된 문제가 아니라는 자각과 연대의식이 분노의 표출에 큰 영향을 미쳤다. 내 문제뿐 아니라 타인의 문제라도 공감할 수 있다면 우리의 문제로 인식할 수 있다. 또한 네트워크 사회이기에 분노의 전파와 공유가 과거에 비해 급속하게 이루어진다.

우리 사회의 분노는 꾸준히 증가해왔다. 데이터가 이를 증명한다. 분노의 원인 중에는 해결 가능한 문제도 있고, 우리가 어찌할 수 없는 문제도 있다. 오랜 구습과 관행이 만들어온 문제도, 새로운 변화에서 기인한 문제도 있다. 그중 사회적 공분의 문제는 분노의 근원을 하루 빨리 파악하고 해결을 위해 사회 구성원 다수의 관심과 지혜를 모아야 할 것이다.

다양한 층위에서 발생하는 문제이기에 그 지형이 복잡하고 넓을 수밖에 없다. 얼마나 오랫동안 빈번하게 제기되어온 문제인지, 기저에 깔린 근원적 요인은 무엇인지를 가장 먼저 효과적으로 파악해야 한다. 임시방편의 해결책은 단기간의 충족을 가져다 줄 수는 있겠지만 결국 또 다른 문제를 야기하기 마련이다.

연대를 통해 더 나은 사회를 만들기 위해서는 뜨거운 마음과 냉철함을 동시에 갖춰야 한다. 흥분은 분노 표출에 빼놓을 수 없는 필수 요소이지만 자칫 시야를 좁히는 장애물이 될 수도 있다. 지속적인 문제제기와 함께 울림이 이어질 수 있는 여건을 조성해야 한다. 무엇보다 여러 문제를 향한 분노를 일시적인 감정이 아닌 건강한 에너지로 바꿀 수 있는 채널과 공간이 필요하다. 지금보다 행복한 개인과 사회를 만들기 위해서는 말이다.

데이터 출처

한국언론진흥재단의 빅카인즈서비스(기사량 추출은 44개 언론사를 대상으로, 키워드 추출은 《한국일보》 기사를 대상으로 1990년 1월 1일~2017년 9월 13일의 데이터를 추출함).

2부

변화하는 가족과
관계의 사회학

여가 | 비혼 | 저출산 | 혼밥 | 명절

쉼 없는 일은 불가능하고, 일 없는 쉼은 무의미하다

5월 1일은 노동절이다. 주 5일제가 시행된 2004년 이후 여건이 많이 나아지긴 했지만 한국의 노동자들은 여전히 다른 나라에 비해 많은 시간을 일터에서 보낸다. 2014년 OECD 통계에 따르면, 우리 국민의 연간 노동시간은 2,285시간으로 OECD 회원국 중 가장 오래 일한다. 가장 적게 일하는 독일에 비해 1.6배가량 더 일하는 셈이다.

산업화 이후 풍요의 시대가 도래하면서 여가에 대한 관심과 함께 여가활동 자체도 늘었다. 산업사회 이전에는 소수의 유한계급만이 독점하던 여가활동이, 사회의 발전에 따라 대중화·보편화된 것이다. 농경 중심의 전통사회에서는 민초들에게 여가가 따로 존재하지 않았다.

여가를 갖기 위해서는 자신만의 공간과 시간이 전제되어야 한다. 즉 사적 영역이 마련되어야 하는데, 전통사회에서는 해가 뜨면 집 앞의 논과 밭으로 일을 나가고 해가 지면 다시 집으로 돌아오는 일상이 반복될 뿐, 나만의 공간과 시간이 부재했다. 일터와 가정이 분리되지 않았고, 삶을 위한 하나의 공간으로만 존재했다. 그랬기에 집은 내일의 노동을 위한 에너지 재생의 공간이었고, 쉼 자체가 하나의 목적이 될 수도 없었다. 일터라고 할 수 있는 직장이 마련된 것도 산업화 이후의 일이다. 공장이 세워지면서 일을 위한 공간과 휴식 및 취침을 위한 가정이 분리되기 시작했다.

전통적으로 한국 사회에서 일의 의미는 매우 특별했다. 오랫동안 우리 의식을 지배해온 유교 덕목 중에서도 특히 근면勤勉은 매우 중요한 자리를 차지해왔다. 신분제 사회였기에 육체노동을 천시했지만, 각자의 영역에서는 항상 일이 사적인 것에 우선했다. 지금도 '선공후사先公後私'는 흔히 언급되는 가치로, 개인적인 일보다 공적인 일을 우위에 두어야 한다는 의미와 더불어 '우리'를 위해 '나'를 희생해야 한다는 의미로도 사용된다. 때문에 나의 '쉼'과 '놀이'는 언제나 우리를 위한 '생산' 뒤편으로 숨겨야 하는, 가능한 한 삼가야 할 일탈로 취급되었다.

여가가 본격적이고 적극적인 의미의 기본권으로 처음 인정된 것은 UN의 세계인권선언Universal Declaration of Human Rights(1948)에서다. 세계인권선언 제24조는 "모든 사람들은 합리적인 노동시간 및 유급 생리휴가를 포함하는 휴식과 여가를 누릴 권리를 가진다"고 적시한다. 인간다운 생활을 위한 필수조건으로 여가가 자리하게 된 것이다.

이와 더불어 여가의 중요성은 일과 노동에 대한 사회 구성원의 가치관 변화와 상호작용하면서 더욱 커졌다. 산업화 초기의 여가활동은 노동력 재생산을 위한 휴식, 휴양, 회복 등의 육체적·정신적 에너지 충전이 주를 이루었지만, 시간의 경과에 따라 점차 오락, 자아실현, 정신적 재생을 위한 활동으로까지 확대되었다. 즉 산업화 초기에는 여가활동이 노동을 위한 것이었다면, 현대에 들어서는 여가활동 그 자체가 중요해진 것이다.

현대사회는 산업구조 변화와 생산의 효율화를 통해 노동시간 축소와 여가시간 확대를 이룰 수 있었고 이는 우리를 경제적, 노동 중심적 인간에서 가치 중심적, 여가 지향적인 인간으로 변화시켰다. 이러한 인식 변화는 물질적 토대가 견고해진 덕도 있지만 교육 기회 확대에서도 그 원인을 찾을 수 있다. 교육을 통해 개인은 더 넓은 세계를 접하고, 보다 다양한 삶의 방식을 고민하게 되었다. 또, 다양한 가치를 용인하는 사회가 된 덕분에 자신의 삶에 자기만의 의미를 부여하는 데도 자신감을 가지게 되었다. 가치관의 변화는 국민 생활 및 경제활동 전반에도 큰 영향을 미쳤고 '여가 활용' 문제는 거시적으로도 국민의 삶의 질 향상과 국가경쟁력 제고에 중요한 요인으로 자리잡았다.

이렇듯 개인의 삶에 있어 '쉼'은 '일'과 함께 필수적인 요소가 되었다. 쉼 없는 일은 불가능하고, 일 없는 쉼은 무의미하다. 개인의 일 상에서 생활시간이 어떻게 활용되고 있는지에 더해, 일과 쉼, 여가의 의미와 형태에 대한 통계자료와 블로그 데이터를 파악해보았다.

노동시간은 줄었지만
여가시간은 그대로?

먼저 통계청의 〈생활시간 조사〉 자료를 바탕으로 일상에서의 기본적인 시간 구성이 그동안 어떻게 변화했는지 살펴보았다. 〈생활시간 조사〉는 통계청이 5년마다 시행하는 조사로,

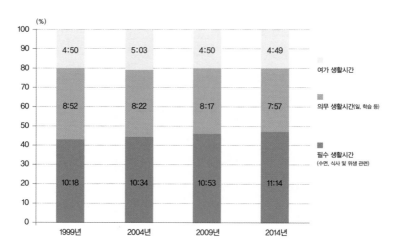

| 생활시간의 변화(1999년~2014년)

개인의 삶을 시간이라는 표준 척도를 통해 미시적으로 관찰할 수 있다는 점에서 매우 유용한 자료다. 1999년~2014년 자료에서는 일과 학습에 사용하는 의무 생활시간이 꾸준히 감소하는 추세를 보였다. 1999년에 하루 평균 8시간 52분이었던 의무 생활시간이 2014년에는 약 1시간 줄어든 7시간 57분으로 나타났다.

하지만 예상외로 여가시간 증가는 나타나지 않았다. 2004년 잠시 증가했던 여가시간은 거의 변화 없이 하루 평균 4시간 50분가량으로 유지되었다. 그렇다면 의무 생활시간에서 줄어든 1시간은 어디로 간 것일까? 항목을 좀 더 세부적으로 나누어 시계열의 변화를 자세히 살펴보니 식사, 개인위생, 외모 및 건강관리 시간이 필수 생활시간으로 흡수되었음을 알 수 있었다. 일하는 시간은 다소 줄어들었지만, 그 시간이 온전한 쉼보다는 내일을 위한 준비 시간으로 대체된 것이다.

일과 여가,
분리와 중첩 사이에서

그렇다면 일과 여가는 사람들에게 어떻게 받아들여지며, 무엇을 중심으로 언급되고 있을까? 긍정적이고 희망적인 이미지일까, 아니면 또 다른 부담일까? 개인 블로그의 게시물 내용을 통해 일과 여가에 대한 사람들의 인식을 살펴보았다.

분석 데이터는 네이버 및 다음과 티스토리, 이글루스 등을 포함한 1,160만 개 이상의 블로그 계정에서 추출했으며, 2016년 1월부터 약 6개월간 생산된 게시물을 대상으로 했다. '일'과 '여가'에 대한 연관어를 추출하기 위해 '일'의 영역에서는 '업무', '근무', '할일', '일하다' 등을, '여가'의 영역에서는 '쉼', '쉬는', '나들이', '여가', '관람', '놀다', '즐기다' 등을 포함한 쿼리를 구성한 후 연관 키워드를 추출했다.

  추출된 데이터를 빈도 중심으로 정리한 결과, 크게 세 가지로 영역을 구분할 수 있었다. 일과 여가의 영역에 독립적으로 속한 연관어와 두 영역에 공통으로 나타난 연관어가 그것이다. 먼저 일의 영

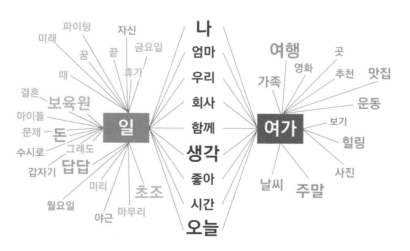

| SNS에 나타난 일과 여가의 연관어 분포(2016년 1월~6월)

역에서는 노동의 이유라 할 수 있는 '돈'과 함께 일로 인한 불안한 심적 상태를 드러내는 '답답', '초조', '월요일' 등이 연관어로 빈번하게 나타났고, 일하기 위해 해결해야 하는 육아 문제와 관련한 '보육원', '아이들'도 볼 수 있었다. 또, 스스로 힘을 북돋는 차원으로 '꿈', '미래', '금요일', '파이팅' 같은 내용도 언급하고 있었다.

다음으로 여가 영역에서는 구체적인 활동과 관련한 '주말', '여행', '영화', '맛집', '운동'과 함께 '가족'이 언급되었다. 대부분 충분히 예상한 바이지만 두 영역 모두에서 나타난 공통 연관어에서 특이한 점을 발견할 수 있었다. 일과 여가의 영역에서 '회사'가 공통적으로 등장한 것이다. 일의 영역에서야 당연하지만, 온전히 사적인 여가의 영역에서도 일터에 대한 생각이 계속되었음을 추측할 수 있었다.

여가의 영역에 나타나야 할 '아이들'이 일의 영역에서 발견된 것도 같은 맥락으로 이해할 수 있다. 산업화 이후 일터와 가정의 분리가 일반화되었지만 최근 IT 기술의 발달이 새로운 부담이 되고 있다. 언제 어디서나 서로 연결될 수 있는 기술이 개발되면서 재택근무나 스마트오피스가 가능해졌지만, '얽매인 삶'이 또 다른 고단함을 유발하게 된 것이다.

주말에는
누구와 무엇을?

　　　　　　　　이번에는 여가 관련 연관어를 토대로 여가의 구성요소를 살펴보았다. 얼마나 여가를 활용하는지, 무엇을 하면서 보내는지, 또 누구와 보내는지에 대한 것이다. 이를 보다 세부적으로 파악하기 위해 여가의 핵심이라 할 수 있는 '주말'을 키워드로 대표적인 여가활동인 '여행', '영화', '운동'을 누구와 하는지 알아보았다.

　먼저 '주말'을 기본 키워드로 '같이'와 '혼자'를 결합해 데이터를 추출해보니, 여가와 관련한 내용이 비슷한 패턴으로 꾸준히 게시되었음을 알 수 있었다. 연초와 설연휴를 제외하고는 주말에 감소한 게시물의 수가 월요일과 화요일에 급속히 증가하는 양상이 지속되었는데, 이는 주말에 활동한 내용을 주초에 블로그에 올리는 것으로 이해할 수 있다. 그리고 주말을 혼자 보내는 경우보다 다른 이와 함께 보내는 경우가 상대적으로 많았다.

　활동 내용을 중심으로 살펴보면, '운동'보다는 '영화'와 '여행'의 경우가 상대적으로 누군가와 함께하는 비율이 높았다. 거주 형태에 있어서는 전반적으로 1인 가구가 빠르게 증가하는 추세이지만, 적어도 여가의 영역에서는 아직 함께하는 활동이 보다 보편적인 것으로 파악된다.

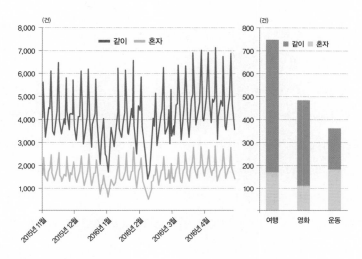

| 주말, 누구와 무엇을?

　이번 분석에서 가장 눈에 띄었던 점은 일과 여가에 온전히 집중하
는 것이 실질적으로 쉽지 않다는 사실이다. 원인이 무엇일까. 여가
시간에도 일에 대한 부담과 고민을 완전히 떨쳐내기 어려운 하나의
요인으로 과거보다 증가한 업무량을 들 수 있을 것이다. 또, 육아와
같은 가족 공동사를 같이 해결해야 할, 함께 사는 가족 구성원의 수
가 감소한 것도 일터에서 가정에 대한 걱정을 품고 지낼 수밖에 없
는 근거가 된다. 아울러 우리가 세상과 쉽게 단절할 수 없는 '연결'
된 존재라는 사실이 새삼 머릿속을 맴돈다. 스마트폰으로 대표되는
통신수단의 보편화는 공간적으로 단절된 상황에서도 언제나 타인과
연결될 수 있는 물리적 기반을 제공한다. 일터든 가정이든 지금 생

활하는 영역으로의 온전한 집중을 위해 의도적인 단절을 도모하는 것도 때로는 필요하다.

고단함이 커질수록 여가의 중요성도 커진다. 각자가 추구하는 삶의 지향에 따라 여가에 대한 생각은 달라지겠지만, 그 중요성이 증대된 것만은 분명하다. 다만 그렇게 중요한 여가를 누릴 만한 여유가 없는 것 또한 씁쓸한 현실이다.

요즘 다양한 매체에서 '워라밸'을 언급하곤 한다. '워크-라이프-밸런스Work-Life-Balance'의 줄임말로 일과 삶의 균형을 통해 여유를 갖고 일상을 영위하자는 의미다. 치열하게 산업화를 통과한 기성세대에게는 배부른 소리로 들릴 수도 있겠지만, 앞서 얘기한 것처럼 가치와 삶에 대한 인식이 이렇게 달라졌다.

'워라밸' 세대는 완벽함에 대한 강박보다 자신의 부족함과 불완전함을 그대로 수용하려는 태도를 보인다. 자기애를 중시하고 '스트레스 제로'를 추구하기 때문에 일에 매달려 자기 삶을 희생하려 하지 않는다. 자기 자신, 여가, 자기 성장 등을 다른 무엇에 양보하고 싶지 않은 이들에겐 퇴근 이후의 시간, 즉 저녁 일상이 매우 중요하다. 정시퇴근은 기본이고 '나의, 나를 위한' 여가를 중시한다. 직장에서도 성공과 출세를 위해 '사축(회사의 가축처럼 일하는 직장인)'이나 '프로 야근러(야근을 밥먹듯 하는 사람)'로 살고 싶지 않다는 의사를 강하게 표현한다. 이전 세대와는 확실히 다르다. 기성세대가 '하고 싶은 일'보다는 '해야 하는 일'에 우선순위를 부여했다면, '워라밸 세대'는 지금

여기에서의 소소한 행복과 만족에 더 큰 가치를 둔다. 성장 우선의 개발 시대 논리가 근본부터 흔들리고 있다.

데이터 출처

생활시간 자료: 통계청, 〈한국인의 생활시간 변화상〉(2014년 4월).

SNS: 닐슨코리안클릭의 버즈워드데이터(약 1,200만 개의 네이버, 다음, 네이트, 티스토리, 이글루스 등 블로그 계정 데이터를 추출함).

결혼과
비혼 사이

최근 서울 강남의 결혼예식 관련 업체가 다수 문을 닫고 있다. 소상
공인시장진흥공단의 자료에 따르면 '웨딩' 산업의 대표적 중심지
인 강남에서도 2017년에만 약 30퍼센트, 그러니까 약 130개 업체가
영업을 중지했다고 한다. 결혼을 결정한 커플이 가장 먼저 하는 일
이 식장을 예약하는 일이고, 예비 신랑신부가 예식장을 구하기 어려
워 애태우던 때가 불과 얼마 전이었다는 점을 고려하면 뜻밖의 변화
다. 국세청의 최근 발표 자료도 이러한 양상을 뒷받침한다. 국세청
이 2017년 11월에 100대 생활 업종 사업자 수를 중심으로 최근 3년
간 업종별 증감 내역을 분석한 바에 따르면, 예식장과 결혼상담소는
2014년과 비교해 각각 11.3퍼센트, 9.4퍼센트 감소했고, 산부인과는

2014년보다 3.7퍼센트 줄어 13개 진료 과목별 병·의원 중 유일하게 감소했다. 반면 애완용품점은 2014년과 비교해 무려 80.2퍼센트나 늘었고 동물병원도 13.8퍼센트 증가했다.

산부인과 수의 감소나 반려동물 관련 업종의 증가를 결혼과 직접적으로 연결하는 것이 다소 무리일 수 있다. 또한 예식장 수의 감소는 불황의 장기화에 따른 간소한 결혼을 선호하는 추세에서도 원인을 찾을 수 있다. 하지만 결혼에 대한 인식과 태도의 전반적인 변화는 분명해 보인다. 10년 전 33만 건이던 혼인 건수가 2016년에는 28만 건으로 줄었다는 통계청의 발표도 이를 뒷받침한다. 결혼 관련 업계의 변화는 실제 결혼 건수 감소로 나타난 현상이라는 설명이 보다 합리적일 것이다.

'삼포세대', 연애·결혼·출산 세 가지를 포기한 세대를 일컫는 말이다. 오랜 기간 이어지고 있는 팍팍한 상황 탓에 삼포세대를 넘어 오포세대, 칠포세대까지 등장했다. 최근에는 더 많은 것을 포기해야 한다는 의미의 'N포세대'라는 용어도 흔히 쓰이고 있다. 포기는 개인의 선택이기도 하지만 그런 선택을 할 수밖에 없는 불가피한 구조적 강압으로 초래되기도 한다. 지향하는 삶의 가치와 기준이 달라지며 연애나 결혼, 출산에 대한 생각과 인식이 바뀌었다는 해석도 가능하다. 그러나 다가올 미래를 감당하기 어렵기에 선뜻 엄두를 내지 못하는 상황이 가장 현실적이고 직접적인 원인인 듯하다.

한 사회가 건강하게 유지되기 위해서는 구성원의 재생산이 필수적이다. 사회적 재생산에 가장 중요한 요소가 출산이라는 점을 고려한다면, 결혼은 건강한 사회를 위한 제도적 전제라 할 수 있다. 그렇기 때문에 인구절벽 혹은 저출산을 극복하기 위한 국가 차원의 정책적·사회적 노력이 계속되는 것이다. 박근혜 정부 시기 결혼 보조금 제도를 시행하기도 했지만, 실질적인 효과를 거두지는 못했다. 결혼은 인륜지대사라 할 정도로 인생의 행로를 결정하는 중요한 문제이기에, 어지간한 대책으로는 그 선택에 영향을 미치기 어렵다.

이런 과정에서 결혼을 필수가 아닌 선택으로 보는 '비혼非婚'이나 '비혼주의', 그리고 '졸혼卒婚' 같은 개념이 등장했다. 결혼이 인류 역사에서 오래 이어져온 일상적이고 제도적인 용어라면, 비혼은 비교적 최근에 나타난 개념이다. 언론보도를 보더라도 비혼과 관련한 기사는 2015년에야 본격적으로 나타났다. 이제까지는 결혼의 상대어로 '미혼未婚'이나 '이혼離婚'이 주로 사용되었다. '아직' 결혼하지 않았다는 의미의 미혼이라는 용어가 결혼을 모두가 마땅히 거쳐야 할 의무적 관문으로 상정하고 있다면, 비혼이라는 표현은 결혼을 완전히 개인의 선택으로 돌려놓는다. 즉, 비혼은 단순히 결혼하지 않았다는 의미를 넘어 결혼이라는 관습과 제도에 대한 주체적인 저항 의지를 내포한다.

졸혼 또한 새로운 개념으로, 이혼하지 않고 혼인 관계를 그대로 유지한 채 남편과 아내로서의 의무와 책임에서 벗어나 각자의 여생을 자유롭게 사는 풍속이 새롭게 등장하면서 대두했다. 결혼의 의무

에서는 벗어나지만 부부관계는 유지한다는 점에서 이혼이나 별거와는 차이가 있다. 졸혼이라는 용어는 2004년 일본 작가 스기야마 유미코杉山由美子가 저서 《졸혼을 권함卒婚のススメ》에서 처음 사용했다. 그 이전에 '결혼을 해결했다'는 뜻의 '해혼解婚'이 쓰인 적도 있지만 보편화된 일상용어는 아니었다.

새롭게 나타난 '비혼'을 키워드로 빅데이터를 활용해 무엇이 결혼에 대한 기존의 생각을 변화시켰는지, 그리고 비혼에 대한 사회적 인식이 어떻게 형성되어 있는지를 알아보았다. 뉴스 기사와 SNS에서 언급된 비혼 연관어 분석과 함께 통계청 자료를 통해 결혼 관련 주요 통계를 살펴보았다.

결혼은 남녀가,
비혼은 여성이

우리 사회에서 비혼에 대한 언급은 2000년대 초반부터 간간히 나타나다가 2007년 이후 꾸준히 증가하는 양상을 보였다. 2015년부터는 급증하여 2017년에는 사흘에 한 번 꼴로 비혼 관련 기사가 등장했다. 주로 어떤 내용인지 SNS와 기사에 나타난 연관어를 살펴보았다. 기사에 언급되는 연관어가 사회적 논의의 반영이라면, SNS에서는 보다 개인적이고 현실적인 내용을 접할 수 있으리라 기대했다.

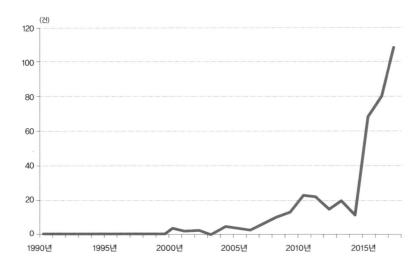

| 비혼 관련 기사량 추이

[SNS]   [뉴스 기사]

| SNS와 뉴스 기사에 나타난 비혼 연관어

SNS와 기사에 공통적으로 나타난 '비혼' 연관어는 '여성'이었다. '남성'에 대한 언급이 없는 것은 아니었지만 상대적으로 비중이 적었다. 결혼이 남녀의 결합이라는 점을 고려하면 비혼 논의에 있어 여성이 중심적인 역할을 하고 있다는 사실은 여러 가지를 생각하게 한다.

또한 SNS에서 '여성'과 함께 빈번하게 등장하는 연관어가 '행복'이라는 사실 역시 여성이 결혼할 때 포기하는 사회적 성취나 짊어지는 사회적 부담이 얼마나 큰지를 실감하게 한다. '경력 단절', '출산' 등은 결혼 시 여성이 직접 감당해야 하는 실제적인 부담이다. 아울러 '정책'이나 '임대주택'처럼 비혼주의자나 여성을 위한 국가적 모색의 필요성도 제기되었고, '반려동물' 등 배우자를 대신할 새로운 대상에 대한 언급도 나타났다.

기사에서 '비혼'과 관련해 가장 많이 언급된 단어는 '저출산'이었다. '출산율'과 함께 우리 사회 인구증가율 감소의 원인을 분석하는 기사가 다량 작성되었다. 이에 대한 정책적 대응과 관련한 연관어도 눈에 띈다. '일자리'나 '혼인 세액공제' 등 결혼에 장애가 되는 요소를 줄이고 결혼을 장려하는 방안이 다양하게 언급되었다.

엄밀히 말하면 결혼은 개인사이지만, 결혼에 필요한 여러 가지 사회적 조건에 대한 언급이 전반적으로 큰 비중을 차지했다. 그중에서도 기혼 여성의 경력 단절 없는 안정적 고용 유지와 일자리 확보라는 경제적 환경이 특히 중요한 것으로 판단된다. 결혼에 대한 가치관의 변화도 있겠지만 가치관의 변화에 영향을 준 사회·경제적 환경에 대한 이해가 필요한 대목이다.

결혼과 여성 고용은
불가분의 관계

이와 함께 통계청이 제공하는 16년간의 여성 고용률과 혼인율 자료를 살펴보았다. 1990년에 46.2퍼센트였던 여성 고용률이 2016년 56.2퍼센트까지 증가했는데, 같은 기간 혼인율은 9.3퍼센트에서 5.5퍼센트로 감소했다. 여성 고용률이 증가하긴

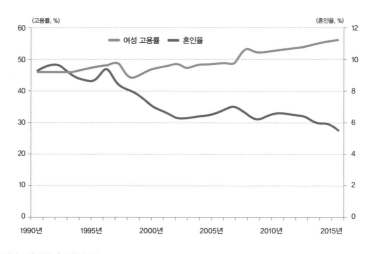

| 여성 고용률과 혼인율 추이

했지만, 비율적으로는 혼인율의 감소가 더 크게 나타났다. 이를 놓고 다양한 해석을 해볼 수 있다. 경제적인 여건이 결혼을 결정하는 유일한 요인은 아니지만 두 수치에 국한해 설명한다면 혼인율이 감소하면서 고용이 증가했다는 해석보다는 여성의 사회적 진출이 증가하면서 결혼에 대한 실질적 필요가 감소한 것이라는 해석이 더 타당하다. 아울러 앞서 살펴본 '비혼' 언급량을 고려하면 여성 고용률과 비혼에 대한 사회적 관심은 증가한 반면 혼인율은 하락하는 추세를 보였다.

일자리 부족이나 고용 및 업무 환경에 대한 문제제기에 있어 여성은 중요한 한 축을 차지한다. 이런 점에서 여성 고용률 증가와 혼인율 감소, 비혼에 대한 관심이 동시에 나타나고 있다는 사실은 많은 함의를 갖는다. 누군가의 아내나 어머니로 살기보다 자신의 삶을 더 중요시하게 된 여성의 인식 변화가 뚜렷하다. 양성평등을 이룩하기 위해 사회적으로나 제도적으로 계속해서 주의를 환기하고 대책을 강구하고 있지만 결혼 제도의 남성 중심성이 여전하다는 반증이기도 하다.

바꿀 수 있는 것부터 살펴보아야 한다. 결혼 후 가사분담과 같은 문제도 있겠지만, 정책 마련에도 관심을 모을 필요가 있다. 부부가 서로 동의한 결혼과 임신이라도 출산은 여성만의 영역이다. 하지만 합리적이고 효과적인 제도 운영을 통해 출산으로 인한 경력 단절 피해를 최소화하고 고용 안정성을 확보하는 것은 충분히 가능하다.

우리 사회의 여성 고용률은 꾸준히 증가했고, 앞으로도 증가할 것이다. 그럼에도 불구하고 OECD 평균에 비하면 아직 매우 낮은 수준이다. 결혼을 당연한 명제로 두지 말고 '여성의 일자리'와 '결혼'이 서로를 상쇄하는 조건이 되지 않도록 사회적 지혜를 모아야 한다. 그래야 비혼의 시대에 우리 사회의 오랜 과제인 양성평등과 함께 저출산에 대한 근원적 대책을 마련할 수 있을 것이다.

데이터 출처

고용률·혼인율 자료: 통계청(1990년~2016년).

기사: 한국언론진흥재단의 빅카인즈서비스(1990년~2017년의 데이터를 추출함).

SNS: 닐슨코리안클릭의 버즈워드데이터(블로그 및 트위터에서 2017년 4월~6월의 데이터를 추출함).

무엇부터
해결해야 할까?

적정한 인구의 유지는 한 사회의 유지와 발전을 위한 필수조건이다. 한정된 자원이라는 전제에 과다한 인구는 성장에 장애가 되지만, 인구 부족은 국력의 저하로 직결된다. 하지만 많고 적음의 절대적인 기준은 없다. 일정한 단위 면적에 대한 인구 비율인 인구밀도, 즉 1평방킬로미터당 인구수를 비교척도로 흔히 사용하지만 인구밀도가 국력이나 국가의 발전 정도와 선형적인 관계를 보이지는 않는다.

우리나라 역시 대표적으로 인구밀도가 높은 국가다. 한국을 묘사할 때면 항상 70퍼센트가 산지인 좁은 국토, 부족한 자원, 많은 인구 등의 수식어가 따라붙었다. 그러나 이런 부족한 환경과 결핍이 우리만의 성장 모델을 만드는 동력이 되었다. 교육으로 대표되는 인적자원에 대한 투자가 그것이다. 부존자원 부족이라는 조건을 극복할 우수한 노동력 확보는 중요했다. 부모들은 어려운 경제 상황에서도 자식의 배움을 위한 투자를 다른 소비에 우선했다.

물론 높은 수준의 교육으로 모든 것이 해결되지는 않았다. 일자리는 항상 부족했고, 언제나 또 다른 경쟁이 기다리고 있었다. 하지만 그런 경쟁 덕분에 국가 입장에서는 안정적으로 양질의 노동력을 확보할 수 있었다. 개인은 힘들고 고단했지만 대한민국은 지속적으로 발전해나갔다.

그랬던 대한민국이 저출산, 인구절벽의 덫에 걸렸다. 개발 시대 이후 언제나 인구과잉을 걱정하던 우리였는데, 언젠가부터 출산을 장려하며 각종 지원책을 내세우기 시작했다. 줄어드는 인구가 과연 문제일까? 오히려 인구과잉으로 발생했던 다양한 사회적 문제가 자연스레 해결되어 국민의 삶의 질이 더 나아지지는 않을까? 근본적인 의문이 생긴다.

무엇보다 '변화', 그것도 급속한 변화가 문제일 것이다. 과잉인구에 모든 시스템을 맞춘 사회였으므로 저출산은 그간의 사회적 관성을 거스를 수밖에 없다. 특히 한국은 노동력 중심의 사회였기에 패러다임의 변화는 불가피하다.

한 해 국가 예산 편성에 있어 가장 큰 비중을 차지하는 영역은 복지예산이다. 2017년 이후 복지예산 구성의 방점은 저출산 극복에 있었다. 우선 저소득계층에 한정되었던 난임 시술비 지원을 전 계층으로 확대하여 인공수정 및 체외수정(시험관아기) 시술 시 필요한 비용을 정부가 부담하기로 했다. 또한 남성의 육아휴직 사용을 장려하기 위해 휴직급여 상한액을 조정하는 한편 아이돌보미가 아동의 집으로 찾아가는 영아 종일제 프로그램 지원 범위도 확대하기로 했다.

출산 장려를 위한 예산 확보는 저출산 극복이라는 정책적 목표를 달성하는 데 반드시 필요한 조건이다. 하지만 실제로 예산을 어떻게 운용할지에 대해서는 더욱 꼼꼼한 검토와 지속적인 관찰이 필요하다. 한 예로, 보건복지부 주도로 실시하려 했던 다자녀가구의 0~2세 영아를 대상으로 한 가정양육수당은 어느 순간 없던 일이 되어버렸다.

저출산과 고령화

이제 저출산과 고령화 문제를 빼놓고서는 미래 사회를 계획하거나 전망할 수 없게 되었다. 급속한 경제성장을 이룬 대한민국은 출산율 감소와 고령화 속도도 매우 빠른 편이다. 저출산·고령화사회가 눈앞의 현실이 된 지금의 상황에서 미래 전망은 밝지 않다. 고령화의 한 원인이기도 한 기대수명 증가는 가족 규모 및 은퇴 시기 같은 전통적 노동 공급 요인을 변화시키고 의료비와 연금 수령액 비용을 증가시킨다.

의료 기술 발전을 전제하면 저출산과 고령화는 동시에 진행된다. 평균수명의 증가로 노년층 인구가 증가함과 동시에 유아와 청소년

인구 비중이 줄어들기 때문이다. 이는 경제활동인구의 감소, 즉 생산연령인구 감소와 피부양 인구 증가를 야기한다. 저축률은 하락하고 자본축적이 저하되면서 성장이 둔화한다.

학령인구 감소도 간과할 수 없는 문제다. 이런 추세라면 곧 현재의 교육 인프라를 효율적으로 활용할 수 없게 된다. 해가 갈수록 심해지는 초중고교 교사 임용 적체는 줄어든 학생 수로 인한 교육 수요의 감소가 근본 원인이다. 또한 최근 사회적으로 큰 문제가 되고 있는 대학 구조조정 역시, 대학의 부실 운영도 하나의 요인이지만 학령인구 감소로 정원 충원이 쉽지 않을 것이라는 전망에서 주된 원인을 찾을 수 있다.

2005년부터 저출산 해결을 위한
본격적인 목소리 나타나

그렇다면 저출산은 언제부터 우리 사회의 문제로 여겨진 것일까? 또, 출산에 따른 어떤 실질적 어려움이 저출산이라는 사회현상을 야기한 것일까? 이 같은 의문을 바탕으로 우리 사회에서 저출산 문제가 대두한 시점과 출산에 따른 다양한 부담을 알아보고, 저출산 문제를 극복하기 위해 어디서부터 노력해야 할지를 살펴보려 한다. 이를 위해 관련 뉴스 기사와 SNS 게시물을 분석했다.

먼저 저출산 상황을 보다 명확히 알아보기 위해 1990년 이후 통계청이 발표한 출산율 추이를 살펴보았다. 여기서 출산율은 합계출산율, 즉 '여성 한 명이 평생 낳을 것으로 예상되는 평균 출생아 수'를 의미한다. 그런데 출산율을 살피기에 앞서 우리 인구의 적정 수준에 대한 기준이 필요하다.

한 사회의 적정 인구는 고정적인 개념이라기보다 관점에 따라 다르게 추정될 수 있는 유동적 개념이다. 경제학적 의미의 적정 인구는 국가나 사회가 선택할 수 있는 생산요소를 기반으로 현재와 장래의 세대에 걸쳐 사회 후생 수준을 극대화할 수 있는 인구 경로로 정의된다. 반면 환경적 측면에서 적정 인구는 건강한 생태계를 유지할

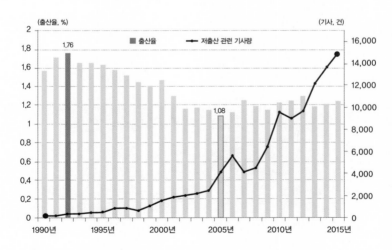

| 출산율 추이와 저출산 관련 기사량 추이(1990년~2015년)

수 있는 인구수를 의미한다. 2011년, 한국보건사회연구원은 다양한 변수를 고려한 우리나라의 적정 인구를 2020년 4,960만 명, 2040년 5,031만 명, 2060년 4,747만 명, 2080년 4,299만 명으로 추정했다. 이러한 결과를 기준으로 하면 우리 사회가 유지해야 할 출산율은 1.8명이다.

통계청 자료에 따르면 1992년 1.76명이던 우리 사회 출산율은 지속적으로 감소하여 2005년에는 1.08명까지 줄어들었다. 2005년 이후 다소의 등락은 있었지만 서서히 증가해 가장 최근인 2015년에는 1.24명이 되었다.

출산율의 급격한 감소로 인한 사회적 위기 인식은 보도기사량에도 그대로 드러난다. 2005년부터 크게 증가한 관련 기사는 매년 계속해서 늘어나 문제의 심각성 인식 및 사회적 논의의 필요성이 증가했음을 알 수 있었다. 그렇다면 기사의 내용에는 저출산과 관련한

정부 가치관 **고령사회위원회**
OECD **고령화** 국가경쟁력
가임여성 고령사회 기본법
보건복지부 인구위기 **보고서** 재앙
만혼 통계청

| 뉴스 기사에 나타난 저출산 연관어(2005년 1월~2016년 8월)

어떤 논의가 포함되었을까? 이를 알아보기 위해 저출산 관련 기사량이 눈에 띄게 급증한 2005년 이후의 기사에 나타난 주요 연관어를 분석했다.

가장 뚜렷하게 나타난 것은 고령화에 대한 언급이었다. 저출산 자체도 문제이지만, 저출산과 함께 닥쳐올 고령화로 인한 미래 문제를 어떻게 극복할 것인지가 핵심 이슈였다. 또한 '가임여성'의 기본적인 '가치관' 변화나 '만혼' 등도 연관어로 함께 등장했고 저출산 관련 정책을 입안, 시행하는 주체도 다수 눈에 띄었다.

그동안 저출산 해결을 위한 다양한 정책이 시행되었지만 연관어에서는 '고령사회 기본법'을 제외하면 구체적이고 일관된 정책내용을 찾을 수가 없었다. 근본적 원인을 고려한 정책이 지속적으로 시행된 것이 아니라 일관성 없는 여러 정책이 임시방편으로 행해진 데다 시기별로 집중한 부분이 각각 달랐기에 나타난 결과라 판단된다.

출산율 제고에
필요한 것

이번에는 2015년 9월부터 2016년 8월까지 1년간 SNS에 나타난 출산 및 저출산 관련 연관어를 살펴보았다. '출산'이라는 낱말을 쿼리로 이용하면 저출산까지 함께 추출되고 일상 언어로는 저출산보다 출산이 훨씬 일반적으로 사용되기에 '출산'을

| SNS에 나타난 출산 연관어(2015년 9월~2016년 8월)

키워드로 설정했다. 추출 결과에는 다양한 우려와 기대가 동시에 나타났다. 그중 특히 출산에 대한 직접적인 부담을 드러내는 연관어가 상대적으로 다수 출현했다.

출산에 따른 '고통'부터, 병행할 수밖에 없는 부담인 '회사'와 '육아', '출산휴가', '혼자', '몸' 등의 단어가 나타났다. 또한 '기저귀', '분유', '교육비', '돈' 등 경제적 부담과 관련한 연관어는 육아에서 마주할 어려움을 대변해주었다. 이와 함께 출산을 '선택'하면 유지하기 어렵게 되는 '자기계발'과 '취업' 등의 키워드와 '중단'이라는 상징적인 연관어도 볼 수 있었다.

반면 상대적으로 긍정적인 연관어인 '엄마', '모성애', '축복', '선물', '행복', '미래' 등도 있었다. 아울러 문제 해결에 중요한 역할을 해야 할 '정부', '정책', '지원', '장려' 같은 제도적 장치에 대한 연관어도 나타났다. 현실적 어려움이 분명 존재하지만, 제반 여건과 환경이 마련된다면 좋은 결과를 얻을 수 있지 않을까 하는 희망이 보이는 대목이다.

당연한 얘기지만, 우리는 무언가를 도모하고 실천할 때 손해보다는 이익을 기대한다. 개인은 물론이고 국가도 마찬가지다. 비단 경제적 손익에 국한된 얘기는 아니다. 예상되는 경제적 이익이 극도로 적은데도 방대한 자원 투자를 강행하는 경우도 있고, 약간의 투자로 큰 이익을 기대할 수 있는 일임에도 선뜻 결정하지 못하는 경우도 있다. 우리는 대부분의 일을 합리적으로 진행하고자 하지만 외부의 압력이나 개인의 만족이라는 요소가 개입하면 선택의 메커니즘은 매우 복잡해진다. 출산을 둘러싼 선택도 헤아리기 어려울 정도의 수많은 요인이 개입한 결과다.

최근 육아의 역할과 책임 분담에 대한 인식 전환이 이루어지면서 남성의 육아휴직도 더이상 특별한 일이 아니게 되었지만 우리 사회가 어린아이와 엄마를 바라보는 시각이 얼마나 관용적인지에 대해서는 반성적 성찰이 필요하다. 근래에 급격히 늘어난 노키즈존No Kids Zone이나 신조어 '맘충'에는 분명 혐오의 시선이 섞여 있다. 일부 문제가 될 만한 부모도 극소수 있겠지만 일반화되어 벌레에 비유될 정도는 분명 아니다. 엄마와 아이를 향한 따뜻한 시선이 먼저 전제되어야 한다.

정부와 지자체, 그리고 수많은 관련 단체가 저출산 해결을 위해 끊임없이 노력하고 있지만 단기간에 저출산 문제를 해결하기란 어려울 것이다. 사회 구성원의 가치관 변화로 결혼과 출산은 이제 선택의 영역이 되었다. 안심하고 결혼과 출산을 선택할 수 있도록 이끄는 사회환경 구축이 우선되어야 한다. '한 아이를 키우려면 온 마을이 필요하다'는 말도 있지 않은가. 출산 자체보다는 육아에 대한 사회적 관심이 선행되어야 할 것이다. 우리의 미래가 달린 문제이기 때문이다.

데이터 출처

출산율 자료: 통계청, 〈2015년 출생·사망 통계〉(2016년 2월).
기사: 한국언론진흥재단의 빅카인즈서비스(1990년 1월~2016년 8월의 데이터를 추출함).
SNS: 닐슨코리안클릭의 버즈워드데이터(약 2,200만 개 트위터 계정에서 2015년 9월 1일~2016년 8월 31일의 데이터를 추출함).

'스따'를
아시나요?

사회 전반에 걸쳐 개인에 대한 관심이 커지고 있다. 온라인에서 이루어지는 다양한 방식의 거래도 개인화가 대세다. 세분화된 개인의 욕구가 적극적으로 표현되고, 이를 반영한 상품과 서비스가 지속적으로 늘고 있다. '고객 맞춤형' 서비스가 이제는 소비 영역 전반에서 고려되는 것이다. 상품 마케팅뿐 아니라 소비되는 정보 역시 개인화되는 추세다. 수많은 사람들이 방문하는 온라인 포털사이트는 내가 열람한 기사 웹페이지 정보를 바탕으로 내가 관심 있어 할 만한 뉴스를 실시간으로 추천해준다. 끊임없이 변화하는 세계에 적응하기 위해 개개인도 쉼 없이 노력하지만, 한 개인을 대상으로 한 세상의 전략도 광범위하고 치밀하게 변화하고 있다.

개인 맞춤형 서비스는 관계마케팅을 기반으로 설계된다. 여기서 '관계'란 기업과 소비자의 관계를 의미하기도 하지만, 그보다는 소비자와 상품 혹은 소비자와 서비스의 관계 맺음에 대한 데이터를 말한다. '나'와 '나와 관계된 정보'의 네트워크를 바탕으로 구매나 소비를 미리 예상하고 구현한 시스템이다. 원하든 원하지 않든, 시장 환경 속 우리는 관계의 맥락에서 벗어날 수 없다.

그렇다면 변화하는 세상에서 '내'가 주도하는 '우리'의 관계는 어떠한가? 관계는 반드시 둘 이상의 개체를 전제한다. 복수의 개체와 각각의 개체를 이어주는 매개가 존재해야 관계가 성립한다. 하지만 이 전제는 관계 성립의 필요조건일 뿐 충분조건은 아니다.

관계의 사회학

관계는 우리의 삶 그 자체다. 전통사회에서 현대로의 전환은 곧 공동체의 해체와 직결된다. 현대사회에서는 익숙한 관계에서 벗어나 생경한 환경에서 이질적인 성격의 새로운 관계를 형성해야 한다. 연고 중심 사회에서 기능 중심 사회로 변모하면서 사회발전은 가속화했다. 공동체 내의 관계는 공유해온 오랜 시간이 있었기에 서로에 대한 '앎'에 기반했다. 하지만 서로를 속속들이 알고 있다는 것은 부담스러운 구속이기도 했다. 무언가를 결정하는 데 공동체는 배제할 수 없는 기준이었다.

반면 옆집에 누가 사는지 굳이 신경쓰지 않아도 되는 요즘 사회는 익명적이다. 전국 주택 형태의 60퍼센트 이상을 차지하는 아파트나 급증하고 있는 1인 가구 또한 익명적 삶과 잘 결합한다. 이 같은 익명화는 개인의 자유를 보장하는 한편으로 고립과 공허감을 유발하기도 한다.

구속력이 강한 전통적 공동체는 거부하면서도, 관계로 얻을 수 있는 이익이 여전히 분명하기에 오늘날에도 사람들은 관계 맺기를 지속한다. 온라인 활동의 일상화와 함께 각자의 관심과 지향을 공유하는 모임이 활발해졌고, 개인을 중심으로 한 새로운 조직 구성도 용이해졌다. 인터넷 안팎으로 수많은 동호회와 커뮤니티가 다양하게 열려 있다. 온라인 커뮤니티는 연고와 앎의 관계가 아닌 흥미와 관심사에 기반하기에 클릭 몇 번이면 가입도 탈퇴도 손쉽게 할 수 있다. 그리고 늘어난 관계만큼 그 무게는 가벼워졌다.

하지만 관계를 형성하고 유지하고 차단하는 방식이 달라졌을 뿐, 일상에서 관계의 중요성이 약화된 것은 아니다. 개인은 청소년기를 지나 성장하면서 부모로부터 정신적으로 독립하게 된다. 여기에서 독립이란 네덜란드의 사회학자 아브람 더 스반^{Abram de Swaan}이 설명했듯 타인을 필요로 하지 않는 상태가 아니라 타인에게 받은 것을 다른 수단을 통해 갚거나 돌려줄 수 있게 되는 상태를 말한다. 그렇기에 독립적인 개인이 많아질수록 서로 간의 상호의존도는 오히려 높아진다.

'혼밥'의 부상

　　　　　　사회관계적 측면에서 지금 우리 사회의 복
잡다단한 상황을 상징하는 대표적인 단어가 바로 '혼밥'이다. 밥을
먹는 일, 즉 식사는 생활에 필요한 에너지를 얻기 위해 끼니를 채우
는 일이기도 하지만 그와 더불어 타인과 함께 시간을 보내는 가장
흔한 사회적 의례이기도 하다. 아침식사는 외출 전 가족과, 점심은
친구나 동료와, 저녁은 또 다른 지인과, 혹은 귀가해 가족과 함께하
는 것이 일반적인 풍경이었다. 밥은 끼니만을 의미하지 않는다. 밥을
먹으며 일상과 생각을 나누는 식사에서 음식은 대화를 이어주는 하
나의 매개로 작용한다. 간혹 혼자 밥을 먹기도 하지만, 이것은 특수
한 상황으로 여겨졌다.

　그런데 최근 '혼밥'에 대한 관심이 늘고 있다. 혼자 밥을 먹는 일
이 특수한 상황이나 일회적인 사건이 아니라 하나의 트렌드이자 누
군가에게는 보편적 일상이 된 것이다. 이러한 흐름을 반영하듯 한
방송프로그램에서는 〈혼밥 특공대〉라는 코너를 신설했고, 경기도청
은 '함밥함술(함께 밥 먹고 함께 술 마시자)' 행사를 개최하여 혼밥 문화
를 수용하는 동시에 그 한계를 극복하려 하기도 했다. 다른 한편으
로는 유명 음식칼럼니스트의 "혼밥은 사회적 자폐"라는 발언이 논
란이 되기도 했다.

　왜 혼밥이 이슈가 된 것일까? 흔히들 1인 가구의 증가를 지목하

면서 함께 식사할 가족의 부재를 혼밥의 원인으로 설명한다. 그러나 이것만으로는 충분하지 않다. 전에도 삼시세끼 중 점심과 저녁식사는 가족이 아닌 다른 누군가와 함께하는 경우가 더 많았기 때문이다. '함께 먹는 사람'이라는 뜻의 식구食口의 의미가 변한 것은 분명하지만, 혼밥 현상의 원인으로 1인 가구의 증가만을 꼽는 것은 뭔가 석연치 않다.

앞서 언급했듯 식사는 생존을 위한 행위이기도 하지만 관계 형성과 유지에도 중요한 사회활동이며, 따라서 무엇을 누구와 먹을지는 인류의 삶에서 언제나 중요한 문제였다. 최근 우리 사회에 새롭게 대두한 '혼밥(혼자 술을 마신다는 뜻의 '혼술' 포함)'을 키워드로 우리에게 혼밥이 어떤 의미인지 살펴보고자, 언론 기사와 SNS에 언급된 내용을 분석해보았다.

'나 홀로' 문화의 확산

언론보도에 '혼밥'이 처음 등장한 것은 2014년 1월이었다. 대학생들이 사용하는 신조어를 소개하는 기사에 취업을 준비하면서 관계 단절을 선택한 '자발적 아웃사이더', 즉 '아싸'의 일상으로 '혼밥'이 출현했다. 이때를 기점으로 현재까지 '혼밥'과 함께 어떤 단어들이 기사에 언급되었는지 살펴보았다.

가장 눈에 띄었던 것은 '나홀로족'이다. 족族은 다수의 무리나 집단을 의미하기에, 이제는 혼밥이 특정한 사람에게 국한된 행위가 아니라는 사실을 알 수 있었다. '혼밥'과 비슷한 '혼족(혼자 사는 족속)'과 함께 '혼영(혼자 영화보기)', '혼여, 혼행(혼자 여행하기)', '혼공(혼자 공부하기)' 등도 나타났다. 이러한 일련의 혼자 하는 행위들 속에서 '혼밥'은 물론 사회관계를 맺은 타인과 함께했던 여가도 개인화되고 있음을 알 수 있었다. 만약 혼자 영화 보기나 여행하기가 일반적이거나 일시적인 일이었다면 '혼영'이나 '혼행'이 키워드로 두드러지지 않았을 것이다.

이렇듯 개인 일상의 변화와 더불어 라이프스타일이나 소비트렌드의 변화도 감지된다. 개인 소비 양상에 발 빠르게 대응하는 '편의점'은 쉽게 수긍할 수 있었지만 '술집', '고깃집'은 예상 밖이었다. 해당 키워드가 나타난 기사를 분석해보니, 개인이 혼자 하는 여러 가지

| 뉴스 기사에 나타난 혼밥 연관어(2014년 1월~2017년 8월)

활동을 단계별로 구분했을 때 혼자 하기 가장 어려운 일로 고깃집에서 식사하기가 꼽힌다는 기사를 다수 볼 수 있었다. 그러나 이렇게 빈번하게 연관어로 등장한 것을 보면 이제는 아주 드문 일도 아닌 듯하다.

이와 함께 끼니와 관련한 '간편식', '아점거리', '야식거리', '요깃거리', '주전부리' 등도 혼밥의 연관어로 등장했다. 주식뿐 아니라 일상 속 모든 먹거리와 함께 혼밥이 언급된 것이다. 혼밥의 주체로는 '취업난'과 관련이 있는 '공시생(공무원 시험을 준비하는 사람)'을 비롯해 '직장인', '대학생' 등이 많이 언급되었다. 세대별 차이가 있긴 하지만 이제 현대인들에게 혼밥은 특별한 이벤트가 아닌 보편적 일상이 된 것이라 판단된다.

**주말에 오히려
혼밥 언급량 증가**

언론 기사에 이어 SNS상의 혼밥 언급 양상을 살펴보았다. 기간별 추이와 연관어는 기사와 비슷한 양상을 보였다. 보다 심층적인 분석을 위해 일주일 중 주로 언제 혼밥이 많이 언급되는지를 집중적으로 파악했다.

분석 결과 월요일에 혼밥이 가장 적게 언급되었고 금요일과 토요일에 가장 많이 언급되었다. 실제 혼밥 행위가 주말에 가장 많이 발

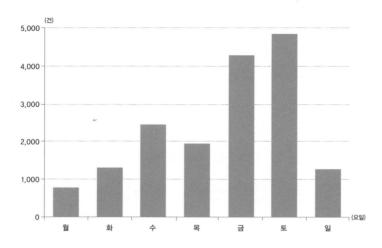

| SNS에 나타난 요일별 혼밥 언급량

생하는지 이 결과만으로는 파악하기 어렵지만, 일주일 중 일과 학습의 영역에서 쉼의 영역으로 들어가는 주말에 혼밥에 더 많은 의미를 부여하는 것으로 볼 수 있다.

이에 대해 두 가지 해석이 가능하다. 하나는 주말에 자기만의 휴식공간에서 맞이하는 자발적 선택으로서의 안온한 혼밥이다. 많은 이들이 SNS에서 사회생활로 인한 피로감을 토로하고 있었다. 지나치게 많은 사회관계나 벗어날 수 없는 관계는 개인에게 부담으로 작용하기도 한다. 이러한 관계 속에서 부재할 수밖에 없는 혼자만의 시간, 피로감을 해소하는 자유로운 시간으로서 혼밥이 기능하고 있었다.

다른 하나는 가족이나 친구의 부재로 인한 비자발적 혼밥으로, 여기에는 자조와 외로움, 그리움이 녹아 있었다. 다만 단순한 푸념을 넘어 도약과 발전을 향한 기대와 의지가 함께 나타났다는 점에서 긍정적인 면도 엿볼 수 있었다.

선택적 고립을 위하여

흔히 동서양 문화적 차이의 기원으로 인간에 대한 전제를 든다. 서구의 자유주의 전통이 자유로운 개인을 우선시한다면, 동양의 유교사상은 사회적 존재로서의 개인을 중시한다. 인간人間이라는 말에도 드러나듯 사람은 무릇 사람 사이에 있어야 존재의 의미를 갖는다는 것이다. 하지만 활발한 사상 교류와 급속한 세계화로 이 같은 구분이 흐려졌다. 더불어 한국 사회의 무한경쟁 체제에서도 개인주의는 당연한 흐름이 되었다.

혼밥 사례에서도 알 수 있듯 사고의 변화와 함께 삶의 양식도 변화했다. '나 홀로'가 자연스러운 사회가 된 것이다. 일본의 종교학자 시마다 히로미島田裕巳는 지금의 일본을 무연사회無緣社會라 설명하며 관계의 부재 속에 "혼자 살다 혼자 죽는 사회"가 도래했다고 말한다. 현실 비관보다는 달라진 상황에 적응해 새로운 가능성에 주목한다면 두려워할 필요가 없다는 것이 그의 주장이다.

관계로 얻을 수 있는 유무형의 이익을 우리는 사회자본이라 칭한다. 한 사회가 융성하고 개인 삶의 질을 높이는 데 필수적인 요소다. 사회자본의 형성과 축적의 토대가 관계라는 점을 감안하면 함께가 아닌 혼자 하는 행위의 증가는 사회자본을 감쇄시키는 요인이 된다. 저서《나 홀로 볼링*Bowling Alone*》을 통해 미국의 사회자본 쇠퇴를 분석한 정치사회학자 로버트 퍼트넘Robert Putnam의 논의도 같은 맥락에서 이해할 수 있다. 물론 '스따(스스로 따돌림)', 즉 온전한 휴식을 위한 개인의 자발적 고립이라면, 그것은 필요한 일이고 존중받아야 한다. 현재와 미래를 위한 또 다른 준비의 시간이 될 수 있기 때문이다. 그러나 좋아하는 사람과 밥 한끼도 나눌 수 없는 팍팍한 상황이 강요한 선택은 지금보다 줄어들었으면 한다. 그것이 나만의 바람은 아니리라.

데이터 출처

기사: 한국언론진흥재단의 빅카인즈서비스(2014년 1월~2017년 8월의 데이터를 추출함).
SNS: 닐슨코리안클릭의 버즈워드데이터(2016년 8월 18일~2017년 8월 17일의 데이터를 추출함).

연고는
유효한가?

연말연시에 신년 달력을 받으면 흔히들 설과 추석을 먼저 찾아보곤 한다. 날짜가 언제인지, 연휴는 얼마나 긴지부터 가늠해본다. 농사를 근본으로 하는 역사에서 절기를 중시하는 풍습이 오랫동안 이어져 왔고, 24절기 이외에도 4대 명절과 삼복은 우리 사회에서 전통적인 절일節日로 자리잡았다. 특히 설과 추석, 두 명절은 온 국민이 지내는 가장 큰 명절인 동시에 세계에서 가장 오랜 시간 일하는 우리가 비교적 길게 쉴 수 있는 연휴이기에 그만큼 특별하다.

추석이 더운 여름을 보내며 애쓴 노고를 서로 위로하고 또 한 해 수확을 정리하는 날이라면, 설은 새로운 한 해를 맞이하여 서로의 복을 기원하며 각오를 다지는 날이라 할 수 있다. 특히 추석은 다른 어떤 명절보다 풍성하고 여유롭다. 그래서 추석의 만남은 설에 만났던 가족들이 각자의 영역에서 어떻게 생활했고, 또 얼마나 변했는지 확인하는 자리가 된다. 함께하는 시간이 그리 길지 않더라도 잠시 일상에서 벗어나 정겨운 얼굴을 마주할 소중한 기회이자, 가족의 의미를 되짚어보는 시간인 셈이다.

익숙한 일상으로부터의 탈출은 언제나 기대와 우려를 동반한다. 추석연휴는 생활에 지친 몸과 마음을 달랠 기회이기도 하지만 다른 한편으로는 미뤄뒀던 여러 과제를 해결해야 하는 시간이기도 하다. 일상 속 암울한 뉴스가 많을수록, 또 일의 영역에서 축적된 피로가 클수록 고향에서의 휴식은 소중하다. 현실의 고단함과 미래에 대한 불안이 클수록 내집단을 향한 기대가 커질 수밖에 없기 때문이다. 그러나 마음이 편치만은 않다. 지난 명절보다 나아지거나 적어도 나빠지지 않은 모습을 확인받고, 또 확인해야 한다는 부담이 존재하기에.

해마다 맞는 명절이지만 늘 같은 마음은 아닐 것이다. 개인의 변화에 따라 명절과 가족에 대한 생각도 달라진다. 사람들은 추석과 설을 어떻게 생각하는지 SNS 분석을 통해 살펴보았다. 추석을 앞둔 약 한 달간의 추석 연관어 언급 추이를 살피고, 설연휴와 관련해서는 3년간의 빅데이터를 통해 어떤 기대와 우려가 언급되었는지 분석해보았다.

추석, 부담보다는
기대와 희망이 더 커

        먼저 추석과 관련한 언급이 어떤 추이로 얼마나 나타났는지 '추석', '한가위' 등의 키워드를 중심으로 2016년 추석을 즈음해서 약 2주 동안의 데이터를 살펴보았다. 추석연휴 전인 9월 12일까지 2만 건 내외로 나타나던 추석 언급량이 13일부터 급증해 추석 당일인 14일에는 13만 건 이상을 기록했다. 추석 이후에는 언급량이 다시 급격히 감소했는데, 양상을 보다 자세히 살피기 위해 감성분석을 추가로 실시했다.

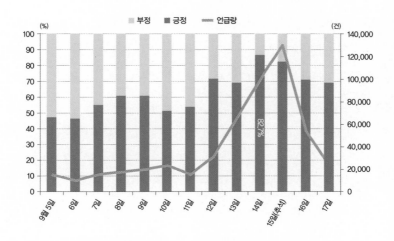

| SNS에 나타난 추석 언급량과 긍정·부정 연관어 비율(2016년 9월 5일~17일)

감성분석은 추석과 함께 언급된 어구의 관계를 분석하여 그 내용을 긍정 의견, 부정 의견, 혼합 및 중립 의견 등 네 가지 유형으로 분류하는 분석 방식이다. 여기에서는 보다 효과적인 내용분석을 위해 혼합 및 중립 의견은 제외하고 긍정 및 부정 의견을 중심으로 살펴보았다.

전반적으로 연휴 이전에 높게 나타났던 부정 의견, 즉 추석에 대한 우려가 추석에 가까워질수록 줄어들고 긍정 의견이 증가하는 양상을 보였다. 특히 연휴 전날인 14일에는 긍정 의견이 82.7퍼센트로 추석에 대한 우려와 걱정보다는 기대와 희망이 압도적으로 높았다. 추석 당일 이후에는 언급량의 전반적인 감소와 함께 부정 의견이 다소 많아지는 추이를 보였는데, 여기에는 아무래도 연휴를 보낸 아쉬움과 함께 일상으로 복귀해야 한다는 부담 등이 작용한 것으로 판단된다.

설연휴와 관련해서는 시계열에 어떤 변화가 나타나는지도 살펴보았다. 2015년부터 2017년까지 매년 설날을 기준으로 일주일간 (2015년 2월 13일~19일, 2016년 2월 2일~8일, 2017년 1월 22일~28일)의 설 언급량 조사와 함께 감성분석을 실시했다. 검색어 쿼리는 '설', '설날', '구정'을 비롯해 '명절', '연휴' 등의 키워드를 조합해 데이터를 추출했다.

분석 결과 전체 연관어 언급량은 2015년에 가장 많았지만 일정한 흐름을 찾기는 어려웠다. 그보다는 연관어에 대해 실시한 감성분석

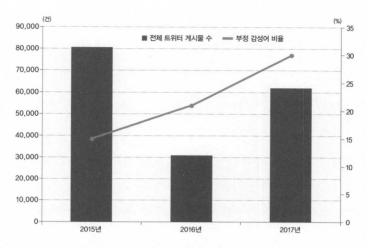

| 설 관련 전체 트위터 게시물 수 및 부정 감성어 비율(2015년~2017년)

결과가 눈에 띄었다. 긍정 감성어와 부정 감성어 비율을 연도별로 파악해보니 해마다 부정 감성어 비율이 증가하는 추세를 보였다. 물론 긍정 감성어의 비율이 계속해서 약 70퍼센트를 차지했지만, 설에 대한 부담이나 불만이 꾸준히 증가하는 양상이 분명했다.

언론에 여러 차례 보도된 바와 같이 오랜 불경기를 부정 감성어 증가의 원인으로 꼽을 수도 있을 것이다. 또 오랜만에 만나는 친인척으로부터 듣는 걱정 어린 잔소리가 스트레스로 작용했을 수도 있고, 연휴임에도 챙겨야 할 일과 사람이 많아지는 '명절 노동'으로 인한 주부의 '명절증후군'이 심화하고 있는 것은 아닌지도 살펴야 할 것이다.

관계로 인한 어려움은
여전한 숙제

　　　　　　　　　추석과 관련해 구체적으로 어떤 기대와 우려가 있었는지 보다 자세히 파악하기 위해 긍정·부정 연관어 내용을 분석했다. 분석 자료는 2016년 8월 18일부터 9월 17일까지 약 한 달간 트위터를 대상으로 추출했다.

　먼저 추석에 대한 긍정적 언급과 부정적 언급에 모두 나타난 연관어는 '연휴', '선물', '명절', '가족', '마음' 등이었다. '연휴'나 '선물', '가족' 등은 일반적으로 긍정 연관어로 언급되지만, 맥락에 따라서는 부담으로 작용했음을 알 수 있었다. 무작정 받기만 할 수는 없고 그래서 마냥 좋지만은 않은 상황과 부담이 반영되었으리라.

　추석과 관련한 긍정 연관어에는 형용사의 비중이 특히 두드러졌다. 모든 연관어 중 가장 많이 언급된 '즐거운'을 비롯해 '행복한', '맛있는', '풍성한' 등이 대표적이었고, 마음을 표현한 '감사'와 '정성', '편안한' 등도 눈에 띄었다. 반면 부정 연관어로는 관계에 대한 단어가 많았다. '부모'나 '친정', '아내', '남편', '이웃', '강아지' 등이 등장했고, 소통에 대한 우려와 갈등을 표현하는 단어도 있었다. '말', '말대꾸', '잔소리', '만남', '불통' 등이 두드러졌고, '싸움'이나 '오지 말라'까지도 볼 수 있었다. 가족과 정을 나누며 시간을 보내는 추석이기도 하지만 관계에서 기인한 현실적 불편함과 어려움 또한 여전히 남아 있는 듯했다.

이외에도 경제적 부담이 드러나는 '돈', '현금' 등이 부정 감성어로 등장했다. 또한 명절 선물을 '돌려보내는' 것에 대한 언급은 부정청탁금지법 시행과 함께 새롭게 대두한 풍경이다. 그리고 이제는 완전히 또 하나의 가족이 된 반려동물을 명절 연휴 기간 중 불가피하게 다른 곳에 맡겨야 하는 상황을 반영하는 '애견호텔' 역시 과거에는 볼 수 없었던 연관어로 단연 눈에 띄었다.

다음으로는 설 명절과 관련해 3년간 공통으로 나타난 연관어와 각 해에 특히 두드러진 연관어는 무엇이었는지를 비교 분석했다. 공

| SNS에 나타난 추석(한가위) 연관어(2016년 8월 18일~9월17일)

통적으로 등장한 연관어는 '즐겁다'와 '행복하다', '함께'와 같이 상태를 표현하는 수식어와 주체 혹은 대상이라 할 수 있는 '우리', '가족', '음식', '세뱃돈' 등이었다.

특정 시기에만 나타난 연관어를 살펴보니 2015년에는 '고향'과 '세월호', 2016년에는 '해주다', '나누다', '고속도로' 등이 차별적으로 추출되었다. 무엇보다 2017년에 추출된 '분노하다', '뽑다', '박근혜', '문재인', '특검' 등은 상징하는 바가 컸다. 헌정사상 최초의 대통령 탄핵 사태는 우리 일상에 큰 영향을 미쳤고, 대통령선거 또한 중요한 관심 영역으로 부각되었다. 정치에 대한 관심은 시민적 성숙과 건강한 사회를 유지하는 데 반드시 필요하지만, 이제는 일상화된

2015	즐겁다 행복하다 드리다 바라다 맛있다	고향 세월호
2016	함께	해주다 나누다 고속도로
2017	우리 가족 음식 세뱃돈	분노하다 뽑다 박근혜 문재인 특검 집 포켓몬고

| SNS에 나타난 연도별 설 연관어 비교(2015년~2017년)

'나라 걱정'이 오랜만의 가족과 함께하는 시간에도 나타나는 듯해서 씁쓸했다.

김영란법 시행과 함께
선물 연관어는 급격히 감소

소위 '김영란법'으로 불리는 부정청탁금지법이 시행된 이후 명절 풍경은 어떻게 변화했을까? 법 시행 이후 첫 번째 명절이었던 2017년 설을 2016년과 비교해 '선물' 연관어 추이를 살펴보았다. 양적으로는 법 시행 이전인 2016년에 비해 관련 언급량 자체가 크게 감소한 것을 알 수 있었다. 내용적으로도 직접적인 수수 행위를 묘사하는 '주다', '드리다', '보내다', '받다', '가져오다' 같은 언급이 현저하게 줄었다. 선물 품목과 관련한 언급에도 변화가 있었는데, 2016년에는 '와인'이 가장 빈번하게 나타난 반면 2017년에는 '책'이 그 자리를 대신해 선물 수수 빈도의 전반적인 감소와 함께 선물의 종류도 달라졌음을 알 수 있었다.

명절 관련 빅데이터에서 가장 두드러진 내용은 '관계'였다. 우리에게 관계는 영원한 숙제인 듯하다. 한 가지 숙제를 해내면 또 다른 숙제가 주어지는 것처럼 말이다. 가족관계부터 다양한 사회관계에 이르기까지 우리는 살면서 수많은 관계를 맺으며, 같은 관계에서도 상황은 끊임없이 변한다.

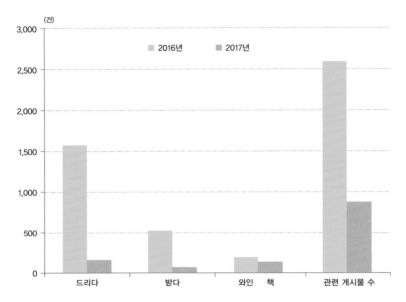

(건)

3,000

2,500 ■ 2016년　■ 2017년

2,000

1,500

1,000

500

0
　　　　드리다　　　　받다　　　와인　책　　　관련 게시물 수

| SNS에 나타난 설 선물 연관어 추이 비교(2016년~2017년)

　　우리는 화려하지만 고단했던 산업화를 통해 경제적 풍요를 이루
어냈으나 대신 돌아갈 고향을 잃었다. 저출산, 고령화가 갈수록 심화
되는 데다 노년층 부양의 큰 부분을 가족의 몫으로 돌리고 있는 우
리 사회이기에 '안온한 가족'의 의미는 더욱 크다. 평소에 자주 연락
을 주고받는다면 명절에는 안부를 묻는 대신 가족 간의 정을 좀 더
돈독히 다질 수 있을 것이다. 바쁜 일상에 시간 여유를 내기란 좀처
럼 쉽지 않고 그래서 가족에게 마음을 쓰는 것이 숙제로 생각되겠지
만, 애쓴 만큼의 효과와 보람은 충분하리라.

명절은 여전히 가족들을 모이게 하고 따뜻한 위안과 격려를 제공한다. 그렇기에 불편하고 어려운 걸음을 마다하지 않고 기꺼운 마음으로 고향으로 향하는 것이다. 세상이 변하는 만큼 명절을 보내는 방식도 달라질 것이다. 그 과정에서 조상을 기리는 의례와 의식은 간소화하겠지만 의지할 곳 찾기 힘든 각박한 시대에 명절만큼은 가족만의 오롯한 시간으로 계속되었으면 한다. 역귀성이든 가족여행이든, 어떤 방식으로든 만나고 모여서 그동안 잊고 지낸 가족의 가치를 되짚어보는 일은 더 풍요로운 미래를 위해 반드시 필요하기 때문이다. 연고주의는 극복해야 할 우리 사회의 적폐이지만 연고가 주는 마음의 안식은 여전히 유효하고 또 소중하다.

데이터 출처

닐슨코리안클릭의 버즈워드데이터(약 2,200만 개 트위터 계정에서 2016년 8월 18일~9월 17일의 데이터를 추출함).

3부

합리적 개인과
사회적 신뢰

김영란법 | 적폐 | 갑질 | 누진제
가짜 뉴스

인정과
부패의 경계는?

우리에게 공정하고 투명한 사회란 교과서에서나 볼 수 있는 이념형 사회인 걸까? 하루가 멀다 하고 부정부패 보도가 끊이질 않는다. 2018년 2월, 국제투명성기구[TI]가 발표한 2017년 국가별 부패인식지수 순위에 따르면 우리나라는 세계 180개국 중 51번째로 청렴한 국가다. 부패인식지수, 즉 CPI[Corruption Perception Index]는 공무원과 정치인 등의 부패 정도에 대한 인식 수준을 국가별로 계량화한 수치다. 공공부문 부패 조사와 전문가들의 평가를 토대로 한다. 세계 각국의 부패 정도에 대한 인식을 비교할 수 있다는 이유로 널리 활용되는데, 한국은 2017년에 100점 만점에 54점을 받아 OECD 35개국 중에서는 29위, OECD 아시아 국가 중에서는 최하위를 기록했다.

그동안 우리나라의 CPI 순위는 2013년 46위, 2014년 44위, 2015년 43위에 머물다가 2016년 52위로 곤두박질쳤다. 무엇보다 대통령 탄핵으로 이어진 국정농단 사태가 순위의 급락을 가져왔다. 반부패 정책을 전담하는 국민권익위원회는 2019년까지 우리나라 CPI 순위를 세계 40위권, OECD 국가 평균 수준으로 끌어올린다는 목표를 세웠다. 하지만 쉽지 않을 듯하다. 전 정권에 대한 재판과 수사가 계속되면서 당시의 많은 비위非違가 드러나고 있기 때문이다.

불공정의 이면에
부패가 있다

부정부패가 심화할 동안 반부패를 위한 노력도 오랜 시간 계속되었다. 그만큼 척결하기가 어렵다는 반증이다. 이왕이면 작은 노력으로 큰 성과를 얻길 바라는 것이 인간의 본성이다. 누구나 더 편하고 더 빠르게, 더 많이 취하고 싶어한다. 그 본성을 제어하기 어렵기에 규범과 도덕, 법률이라는 윤리적·제도적 장치를 만든 것이다.

최근 국내 유수의 공기업과 공공기관에서 발생한 채용 비리로 관계자들이 연이어 구속되었다. 그러잖아도 일자리 문제 해결을 최우선 민생 과제로 삼을 만큼 청년실업이 매우 심각한 상황이기에 채용 비리 사건은 공분의 대상이 되었다. 인재 영입은 모든 조직에 중대한 사안이다. 그렇기에 어떤 기준과 절차를 통해 우수한 인재를 효율적으로 선발할 것인지는 조직의 성패를 좌우할 만큼 중요하다. 기준과 절차, 채용 과정에 참여하는 구인·구직자 모두에게 적용되는 규칙이다.

비리는 규칙이 없어서가 아니라 규칙을 무력화하거나 무시하는 사람과 관행 때문에 생겨난다. 예를 들어 어딘가에 입장하거나 무언가를 구매하기 위해 길게 늘어선 줄을 생각해보자. 사람들은 힘들고 지루해도 공정의 원칙이 지켜지는 기다림은 충분히 수용한다. 때로는 긴 기다림을 수용하지 못하고 줄에서 이탈해 구매나 입장을 포기하기도 하지만 적어도 분노하지는 않는다. 그러나 누군가 순서를 지키지 않고 끼어들면 분노가 자연스럽게 터져 나온다. 기다림이 주는 고통보다 부당함이 불러일으키는 분노가 더 참기 어려운 것이다.

단순한 줄 서기도 그러한데, 몇 달 혹은 몇 년간 준비한 구직과 관련한 문제에서 타인이 받은 특혜로 인해 불합리한 배제를 경험한다면 그 충격과 분노는 가늠하기 어려울 정도로 클 것이다. 또한 결과적으로 규칙에 따라 선발한 경우보다 미흡한 인재를 뽑았을 가능성이 높기에 조직의 효율도 떨어진다. 나아가 사회적으로 감정의 총량을 따져보아도 소수가 편취한 기쁨에 비해 배제된 다수가 느끼는 절망과 분노가 훨씬 클 수밖에 없다. 그런데 왜 이렇게 지속적으로 비리가 나타나는 것일까? 부패한 결탁이 선행하여 형성되어 있기 때문이다.

김영란법에 대한
기대와 우려

반부패를 위한 노력의 일환으로 2016년 9월 28일 이른바 '김영란법'이 시행되었다. 김영란법의 정확한 명칭은 '부정 청탁 및 금품 등 수수의 금지에 관한 법률'인데, 2012년 당시 김영란 국민권익위원장이 추진한 법안에 기초해 제정된 법안이기에 김영란법이라는 별칭이 붙었다. 2012년에 최초로 제안된 이후 우여곡절 끝에 2015년 3월 3일 국회본회의를 통과했고, 3월 26일 대통령의 재가를 거쳐 2016년 5월 9일 국민권익위원회에 의해 시행령 제정안이 발표되었다. 이후 대한변호사협회 등이 제기한 네 건의 헌법소원이 2016년 7월 28일 헌법재판소에 의해 합헌으로 결정되면서 법안 시행을 위한 본격적인 토대가 갖추어졌다.

법안 시행을 앞두고 희망과 우려가 교차했다. 우리 사회에 만연한 적폐인 부정부패를 척결하여 투명하고 공정한 원칙이 정립될 것이라는 희망적 전망도 있었지만 법 적용의 범위와 내용의 모호함으로 사회 혼란과 경기 위축이 야기될 것이라는 우려의 목소리도 들려왔다. 요약하면 김영란법의 취지나 지향에는 동의하지만 방법론에 있어서는 이의를 제기하는 이들이 많았다.

김영란법 시행이 본격화된 헌법재판소의 합헌 결정 이후, 우리 사회에서 김영란법에 대한 인식이 어떻게 변화했는지 SNS와 포털사이트의 지식 검색 서비스에 나타난 여론을 분석해보았다. 트위터 연관어를 통해서는 김영란법에 대한 사람들의 인식과 의견을 취합해볼 수 있을 것이라 예상했다. 아울러 그동안 빅데이터 분석에서 지식 검색 서비스는 비교적 자주 활용하지 않았지만, 질문과 응답으로 구성된 이용자 중심 서비스라는 점에서 실제 법 시행과 관련해 국민들이 혼란을 느끼는 구체적인 내용이 무엇인지 파악할 수 있으리라는 판단하에 이 경우에는 분석 대상으로 삼았다.

법 시행 이후
긍정 의견 증가

먼저 '김영란법'을 키워드로 트위터에 나타난 언급량 추이를 살펴보았다. 분석 기간은 2016년 7월 28일, 그러니까 헌법재판소 합헌 결정일을 기점으로 법 시행 이후인 같은 해 10월 1일까지를 대상으로 했다. '김영란법' 언급량 추이와 함께 감성분석을 통해 긍정 의견 내용과 부정 의견 내용의 상대적 비중 변화도 검토했다.

김영란법 언급량은 헌재의 합헌 결정 이후 1만 건 이상의 수치를 나타내다가 급격히 감소했다. 그러다 음식물 및 선물가액, 경조사비의 한도액을 각각 3만 원과 5만 원, 10만 원으로 한정하는 원안의 시행령을 확정한 8월 29일에 잠시 증가하는 양상을 보였다. 이후 법

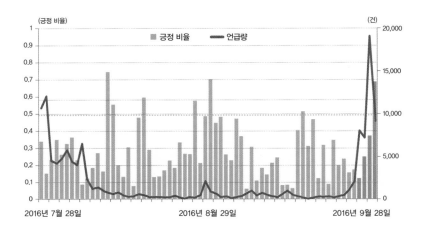

(긍정 비율) / (건)

긍정 비율 언급량

2016년 7월 28일   2016년 8월 29일   2016년 9월 28일

| SNS에 나타난 김영란법 언급량 및 긍정 비율 추이(2016년 7월 28일~10월 1일)

시행 시점인 9월 28일을 기점으로 다시 급증하는 추세가 나타났다. 일상에서 일반적으로 언급되기보다는 법안 시행이나 관련 보도가 있을 때 다수가 관심을 보인 것으로 판단된다.

홍미로운 부분은 법 시행 이후 긍정 의견이 부정 의견보다 많이 나타났다는 점이다. 그래프에서 긍정 의견과 부정 의견이 같은 비율로 나타날 경우 막대그래프가 좌측 세로축의 긍정 비율 0.5를 기준으로 그은 가로선에 도달하는데, 합헌 결정 이후에는 부정 의견 비율이 상대적으로 높았던 날이 많았고, 부분적으로 긍정 의견 비율이 높게 나타난 날도 있었지만 이 시기에는 관련 언급이 비교적 많지 않았기에 의미를 부여하기 어려웠다. 하지만 9월 28일 법 시행 이후 언급량의 증가와 함께 긍정 의견이 크게 증가한 것은 김영란법 시행에 우려보다는 희망과 기대가 더 크게 자리잡았다는 의미로 해석할 수 있다. 시행 이후 장기간 분석한 결과가 아니기에 제도의 성공 여부를 가늠하기는 어려워도 시행과 동시에 기대가 우려를 넘어섰음은 분명해 보인다.

법 적용에 있어
학교 관련 문의 증가

이번에는 '김영란법'을 키워드로 트위터와 지식 검색에 나타난 연관어들을 분석했다. 먼저 트위터에 등장한 연관어로는, 김영란법 시행 및 적용과 관련한 주체이자 관계자인 '국회의원', '기자', '공무원' 등이 있었고, 수수 대상이라 할 수 있는 '돈', '선물', '뇌물', '금품' 등도 출현했다. 또한 '식사'가 가장 많이 언급된 점이 특징적이었으며, 이와 관련한 '3만 원', '식당', '한끼', '사 먹기' 등도 볼 수 있었다. 업무적으로 가장 흔하게 이루어지는 금품수수 행위가 식사이기에 법 시행 후의 변화 역시 일상적인 '식사'에서 가장 민감하게 나타난 것이라 판단된다.

지식 검색 서비스 연관어에는 새로운 제도의 시행과 정착 과정에 사람들이 느끼는 혼란이 고스란히 드러났다. 김영란법은 공직자나 언론인, 교원 등을 주요 대상자로 하지만, 일반 국민 대다수가 이들

| SNS에 나타난 김영란법 연관어

| 지식 검색에 나타난 김영란법 연관어

과 업무적 교류를 하는 이해관계자가 될 수 있다는 점 때문에 법안
적용에 대한 관심도가 매우 높았다. 다양한 궁금증을 해소하는 데
비교적 쉽게 접할 수 있는 서비스가 지식 검색이라는 점에 착안하여
법안 시행 직후인 2016년 9월 28일부터 10월 1일까지 나흘간을 대
상으로 연관어를 추출했다.

법안의 구체적인 내용을 언급하는 단어와 SNS 연관어로 나타난 단어가 반복해 등장하긴 했지만, 지식 검색의 경우 '학교'와 관련한 연관어가 특히 빈번하게 출현한다는 특징을 보였다. 가장 자주 등장한 '선물'을 포함해 '선생님', '학교', '학생', '교사', '교수' 등은 모두 학교 연관어로 볼 수 있다. 김영란법 시행과 관련해 국민들이 생활 속에서 가장 직접적으로 혼란을 느끼는 부분이 무엇인지를 알 수 있는 대목이다.

2018년 1월, 기존 법안에서 시행령 내용이 약간 개정되었다. 경조사비 한도는 10만 원에서 5만 원으로 낮아졌고, 선물가액 상한선은 농수축산업 종사자의 고충을 반영하여 농수산물 선물과 합산할 경우 기존 5만 원에서 10만 원으로 높아졌다. 법 시행 이후 다소간의 혼란은 피할 수 없었지만 김영란법으로 우리 사회의 투명성이 증진했다는 점에는 모두가 동의하는 듯하다. 그간의 오랜 관행을 바꾸는 일이기에 진통도 따르고 여전히 비합리적 요소도 존재하지만 이 또한 차차 개선될 것이다.

부패나 부정 청탁을 방지하는 제도를 마련하는 일도 중요하지만 근본적인 고민도 계속되어야 한다. 안 되는 것은 안 되는 것이고, 정해진 순서와 절차가 있다면 누구든 거기에 따라야 한다는, 특혜는 없다는 원칙이 사회적으로 확고히 자리잡는 것이 무엇보다 중요하다. 물론 사회적 합의를 통해 사회적 약자를 배려하는 소수자 우대 정책 등의 예외는 마련해야겠지만 말이다.

기회는 평등하고 과정은 공정하게, 그리고 결과는 투명하게 공개하는 사회적 절차가 일반화된다면 예외는 줄고 예측 가능성은 높아질 것이다. 또한 투명한 절차의 반복적인 공개는 행위의 책임성을 증진시키는 한편, 결과적으로 부패를 크게 줄여줄 것이다. 데이터가 보여주듯, 가장 많은 이해관계자가 존재하는 학교에서부터 인식의 변화가 시작되었으면 한다. 선생님과 학생, 학부모 모두의 노력이 필요하다. 학교 현장에서의 이런 움직임이야말로 공정하고 신뢰할 수 있는 미래 한국 사회의 토대를 닦고 그 주인공의 시민성을 효과적으로 배양하는 지름길이다.

데이터 출처

SNS: 닐슨코리안클릭의 버즈워드데이터(약 2,200만 개 트위터 계정에서 2016년 7월 28일~10월 1일의 데이터를 추출함).

지식 검색: 닐슨코리안클릭의 버즈워드데이터(네이버, 다음, 네이트에서 2016년 9월 28일~10월 1일의 지식 검색 서비스 전체 데이터를 대상으로 추출함).

우리 사회의 적폐 청산 대상은?

2017년 5월, 새로운 정부가 탄생했다. 문재인 정부 출범은 변화를 위한 시대적 요구가 있었기에 가능했다. 19대 대통령선거는 대통령 탄핵이라는 사상 초유의 사태로 인한 조기 대선으로 치러졌다. 선거 일정 단축은 불가피했지만 국민의 관심도는 그 어느 때보다 높았다. 결과적으로 새 시대와 변화를 염원하는 민심의 열망이 기존 권력체계 유지 요구를 현격히 뛰어넘었기에 정권은 교체되었다. 당시 문재인 후보만 변화를 외쳤던 것은 아니다. 모든 대선후보가 새로운 변화의 필요성을 주장했다. 그 방향과 내용은 각자의 입장에 따라 달랐지만 말이다.

변화는 기존 질서나 대상에 대한 검토와 반성, 나아가 부정을 통해 이루어진다. 현실이 충분히 만족스럽고 지금의 상태로도 지속적인 발전이 예상된다면 누구도 변화를 요구하지 않는다. 변화와 관련해 19대 대선에서 수없이 언급된 말이 '적폐'다. 추상적이고 광범위한 의미의 단어이기에 그동안은 흔히 사용되지 않았지만, 바로 그렇기 때문에 다양한 유권자에게 변화를 상징하는 유동적 키워드로 기능했다.

적폐는 '오랜 기간 쌓여온 폐단'을 총칭하는 말이다. 어느 사회든 다양한 제도하에 운영되지만 완전무결한 제도는 없기에 다소의 모순과 관성적 적용으로 인한 폐해가 나타날 수밖에 없다. 물론 정도의 차이는 있고 폐해가 발현하는 양상도 사회마다 다르다. 지속적인 성찰과 검토를 통해 폐단을 줄여가는 사회도 있고, 켜켜이 쌓이는 폐해에 끌려가는 사회도 있다. 발전을 위한 변화에 앞서 현재에 대한 냉철한 평가와 반성이 선행되어야 하는 만큼 적폐 청산은 변화를 위한 시작점이 되기도 하지만, 그 자체만으로도 새로운 변화가 된다.

우리 사회에서 먼저 해결해야 할 최우선 과제가 무엇인가에 대한 생각은 사람마다 모두 다르다. 하지만 적폐는 대한민국에 오랜 시간 쌓여온, 누구나 고개를 끄덕일 만한 문제가 그 대상이 될 것이다. 사회의 투명성 제고와 고질적인 부정부패 일소를 위해 도입한 김영란법도 적폐 청산을 위한 노력의 일환이었다. 또, 선거 때면 더욱 기승을 부리는 지역감정 또한 앞으로 극복해야 할 사회적 과제임이 틀림없다. 감정과 습속, 관행뿐 아니라 제도적 변화 속에 청산되어야 할 대상이나 혁신이 필요한 실체적 대상 모두가 적폐에 해당한다. 문재인 정부가 출범하면서 국정 과제의 최우선순위로 언급한 것이 바로 '적폐 청산'으로, 정경유착의 고리를 끊고 검찰 개혁을 통해 정의로운 사회를 구현하리라는 목표를 내세웠다.

오랫동안 켜켜이 쌓여온 문제이기에 적폐 청산에 대한 폭넓은 지지와 공감대가 형성되었지만 이 적폐가 집권한 여권과 실권한 야권 사이에서 정치적 이해관계로 얽히며 또 다른 논란을 낳았다. 무엇을 적폐로 규정할 것인지부터 해결 우선순위에 이르기까지, 각각이 서로 다른 목소리를 내고 있었다.

적폐 논의,
세월호 참사와 19대 대선에서 본격적으로 나타나

빅데이터를 통해 우리 사회에서 적폐 논의가 언제부터, 얼마나, 어떻게 나타났는지 살펴보았다. '적폐'가 일상적으로 흔히 쓰이는 말은 아니기에 SNS보다는 공적 논의의 영역인 언론보도에 주목했다. 그리고 장기적인 추이를 살펴보기 위해 지난 10년간을 분석 대상 기간으로 설정했다. 해당 기간 뉴스 기사에 나타난 시기별 적폐 언급량을 살펴보고, 특히 적폐 관련 논의가 집중된 시기를 중심으로 개선이 시급한 적폐로 지적된 문제가 무엇인지 파악해보았다.

먼저 2008년 1월부터 문재인 정부가 출범한 2017년 5월까지 10년 간 뉴스 기사에서의 '적폐' 언급량은 그래프에 나타나듯 크게 두 차례 눈에 띄게 급증했다. 첫 번째 시기는 2014년 4월부터 8월까지로, 세월호 참사가 계기가 된 것으로 파악된다. 당시 박근혜 전 대통령이 참사에 대한 대국민 사과문을 발표하면서 적폐 척결을 언급했고 이를 기점으로 적폐를 둘러싼 사회적 논의가 본격화되었다.

두 번째 시기는 최순실 국정농단 사태로 국회에서 대통령 탄핵이 가결된 2016년 12월 이후이다. 국정농단 사태를 일으킨 근본 원인을 따지는 과정에서 제기된 적폐 논의는 이후 대선에서 더 치열해지는 양상을 띠었다. 우리 사회에서 청산해야 할 적폐는 무엇이고, 적

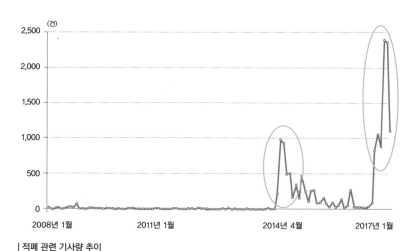

| 적폐 관련 기사량 추이

폐 세력은 누구인지를 두고 후보자 공개 토론 및 선거유세 과정에서 뜨거운 설전이 오갔다. 당시 야권은 국정농단과 직간접적으로 연관된 이른바 '친박 세력'을 포함한 여권 전체를 적폐 세력으로 지목했고, 여권은 이에 맞서 정치 분파별 선 긋기를 통해 적폐 혐의를 적극적으로 부인했다.

이러한 내용을 보다 구체적으로 살피기 위해 각각의 시기에 적폐와 함께 언급된 연관어는 무엇인지 파악해보았다. 앞서 보았듯이 적폐란 '오랫동안 쌓여온 폐단'이기에 2년이라는 시간은 그 대상과 내용이 달라지기에는 짧은 기간이다. 만약 그 내용이 달라졌다면 이전 시기의 적폐를 넘어서는 또 다른 적폐가 나타난 것인지, 아니면 기존의 적폐가 사라지고 새로운 적폐가 등장한 것인지를 새롭게 고찰해볼 수 있으리라 판단했다.

먼저 2014년은 예상대로 적폐를 언급한 '대통령'과 그 계기가 된 '세월호', '참사'가 두드러졌다. 이와 함께 세월호 운항의 인허가 및 감독 과정에 개입된 '관피아'를 향한 문제제기와 '전관예우', '관행' 등도 출현했다. 중앙부처 소속 공무원이 은퇴 이후 그동안 수행했던 업무의 유관업체로 이직하는 관행과 이로 인한 부패 지적이 이어졌다. '사람'과 '인사' 영역의 적폐 논의도 함께 나타났는데, 이는 이후에도 여전히 해결이 필요한 과제로 남게 된다. 즉, 당시 적폐를 '척결'할 방법으로 '시스템'에 의한 '국가 개조'의 필요성이 제기되었고 '원칙', '검증', '개혁'이 강조되었지만 결국 이 문제가 당시 정권에서

뿌리
의혹
안전
특별법
척결
개혁
인사
국민
국가 개조
사회
정부
대한민국
대통령
국회
시스템
공직
청문회
박근혜
세월호
청와대
참사
관행
사퇴
민심
문제
전관예우
사람
관피아
변화
국가
위기
원칙
검증

| 뉴스 기사에 나타난 적폐 연관어(2014년)

민주주의
탄핵
공약
개혁
변화
협치
역사
사회
세월호
정책
재벌
정권교체
문재인
촛불
박근혜
국가
보수
홍준표
노무현
대선
정치
과제
검찰
후보
안철수
적폐 청산
미래
개헌
통합
민심
대통령
국민
최순실
권력
정부
대한민국
적폐 세력
진보

| 뉴스 기사에 나타난 적폐 연관어(2017년)

해결되지 못하고 탄핵이라는 불행한 결론에 직접적으로 작용하게 된 셈이다.

　반면 2017년의 적폐 논의는 특정한 사안에 집중하기보다 과거에 쌓아온 폐단을 돌아보면서 사회 전반의 혁신과 개혁의 필요성을 강조하는 방향으로 진행되었다. 대선 '후보', 그중에서도 '문재인' 후보의 제1공약이 '적폐 청산'이었고, '문재인', '홍준표', '안철수', '후보자' 간의 토론에서 누구를 '적폐 세력'으로 규정할 것인지 치열한 공방이 오갔다. 2014년에 언급되었던 '세월호'와 '박근혜'도 지속적으로 등장했으며, '최순실'과 '재벌', '검찰' 언급도 눈에 띄었다. 더불어 '사회', '통합'과 '대한민국'의 '미래', 정치권의 '협치' 필요성도 적폐 연관어로 추출되었다. 종합하면, 우리 국민은 과거의 폐단을 일소하는 동시에 미래를 위해 새로운 가치를 모색하는 방향으로의 적폐 청산을 절실하게 원하고 있었다.

적폐 청산,
구조적 개선과 미래를 위하여

　　　　　　　변화를 향한 갈망은 모든 사회에 내재되어 있다. 사회 전체의 얼개와 지배적인 가치의 전면적이고 급격한 변화를 혁명이라 한다. 반면 오랜 시간에 걸쳐 눈에 보이지 않을 정도로 조금씩 나타나는 변화는 진화다. 혁명은 변화 이후의 상태가 이전에 비해 나아진 것인지, 아니면 나빠진 것인지에 대한 판단이 배제된 개념이지만 진화는 더 나은 방향으로 발전한다는 기능주의적 관점을 내재하고 있다. 둘 모두 변화를 의미하지만 관점과 지향은 완전히 다르다.

암울한 일제강점기를 지나왔을 때도 우리가 청산해야 할 적폐는 다양하게 존재했다. 개인적 이익만을 좇아 일제에 부역한 친일 세력뿐 아니라 거의 세뇌되다시피 주입되어 사회 전반에 만연해진 무기력과 패배의식도 일소해야 할 적폐였다. 이들은 얼마나 척결되었을까? 혁명적 변화로만 가능한 일이었을까, 아니면 조금씩 점진적으로 수행해야 할 과제였을까? 해결이 쉬운 문제였다면 애초에 적폐로 지적되지도 않았을 것이다. 지난한 과정을 통해 장기간 노력했지만 여전히 해결되지 않아 현재 우리의 삶에까지 영향을 미치는 사안들이 분명히 존재한다. 적폐 청산의 필요성을 지속적으로 환기하며 의지를 갖고 그 당위를 잊지 않는 것이 무엇보다 중요하다. 지금 세대에서 해결되지 않더라도 포기하지 않고 다음 세대에서는 가능하도록 토양을 다지는 노력을 이어가야 한다.

전 대통령 탄핵이라는 특수한 사정으로 당선 이후 문재인 정부는 인수 기간 없이 곧바로 국정을 시작했다. '적폐 청산'을 포함해 선거 과정에서 내세운 수많은 공약 중 무엇부터 이행할 것인지에 대한 국민의 관심이 지대했다. 2018년 1월 신년 기자회견에서 청와대는 청년들의 사기와 희망을 무너뜨리는 채용 비리, 갑질 문화 등을 청산

해야 할 적폐이자 최우선 극복 과제로 꼽았다.

보다 나은 내일을 위한 적폐 청산은 이제 당위로 자리잡아 하나의 시대정신이 되었다. 폭넓은 공감대와 국민적 요구, 정권의 의지까지 확인되었으니 남은 것은 실행뿐이다. 하지만 무엇을 어디에서부터 시작할지에 대한 진지한 검토가 선행되어야 한다. 원하는 미래상과 지향하는 가치, 관심사가 저마다 다양하기에 우선순위 역시 다를 수밖에 없다.

제기된 적폐를 해결하는 일이 사회 구성원 모두가 염원하는 대한민국을 만드는 데 얼마나 중요하고 시급한 문제인지 꼼꼼히 살펴야 한다. 사회갈등을 해소하고 통합이라는 거대한 과제를 달성하기 위해, 성장동력을 잃어가는 대한민국의 지속 가능한 발전을 위해, 그리고 정의롭고 공정한 원칙이 지켜지는 사회를 만들기 위해서도 적폐 청산은 필요하다. 다만, 과단성과 신중함을 모두 갖춘 태도로 접근해야 한다. 적폐 해소는 국정 과제의 효과적인 달성은 물론이고 대한민국의 미래와도 불가분의 관계이기 때문이다.

데이터 출처

언급량: 한국언론진흥재단의 빅카인즈서비스(2008년 1월~2017년 5월의 뉴스 기사에서 추출함).
연관어: 닐슨코리안클릭의 버즈워드데이터(2014년 4월~9월, 2016년 12월~2017년 4월의 뉴스 기사에서 추출함).

갑과 을의
건강한 공생과 상생은 불가능한가?

상생相生과 공생共生은 어떻게 다를까? 사전에 따르면 상생은 "둘 이상이 서로 북돋우며 다 같이 잘 살아감", 공생은 "서로 도우며 함께 살아감"으로 정의된다. '함께 살아감'이라는 공통의 의미가 있지만 상생이 서로에게 적극적인 관심을 갖고 보다 나은 삶을 모색하는 태도라면, 공생은 관계에 있어 상대적으로 수동적인 태도를 의미한다는 미묘한 차이가 있다.

관계를 맺는 주체의 성격과 내용에도 차이가 있다. 상생이 지향점이 같은 이들의 새로운 관계를 전제한다면, 공생은 오랫동안 경험을 공유한, 한몸처럼 움직이는 관계를 전제한다. 때문에 요즘 많이 쓰이는 '시너지synergy'라는 표현은 공생보다는 상생 관계에서 더 많이 발견된다.

사회학자 에밀 뒤르켐의 《사회분업론*De La Division du Travail Social*》은 공생과 상생의 진화적 단면을 잘 보여준다. 그는 사회발전의 근거인 분업의 원인을 사회 구성원 수의 증가와 그들 사이의 상호관계 및 상호작용 증가에서 찾았다. 애덤 스미스가 경제적인 효율 차원에서 분업을 논한 것에 비해 훨씬 포괄적이다. 뒤르켐은 개인 간 동질성에 기초하던 사회질서가 분업의 결과로 개인 간 차이에 기초하는 사회질서로 이행한다고 설명하며 전자를 기계적 연대, 후자를 유기적 연대라 규정한다. 전통사회가 유사한 개인들의 기계적 연대에 기반한 사회였다면 현대사회는 이질적 개인들의 결합으로 탄생한 유기적 연대의 사회라는 것이다. 다시 말해 공생 관계에서 상생 관계로의 진화가 사회발전의 원동력이라는 의미다.

우리 사회를 공생 이상의 상생 사회라 부를 수 있을까? 유감스럽게도 아직은 아닌 듯하다. 현대 조직 사회의 기반인 분업화는 효율적으로 이루어졌지만, 각자가 맡은 일에 대한 존중은 아직 요원하다. '갑질'을 둘러싼 우울한 소식이 이런 현실을 잘 보여준다. 갑^甲과 을^乙은 계약상 편의를 위해 임의로 정한 명칭으로, 상이한 역할을 수행하는 대등한 관계다. 그렇기에 갑과 을은 일상에서 흔히 볼 수 있는 지칭어였고 앞으로도 그럴 것이다. 하지만 실제로 갑과 을을 대등한 대상으로 바라보는 이는 많지 않다. 관계의 우위에 자리한 갑과 상대적 약자인 을이 존재한다.

갑을관계는 상황에 따라 달라지는 유동적 관계다. 이를테면 경제 시장에서 특정 상품의 수요가 많아지면 상품의 공급자가, 수요에 비해 공급자가 많아지면 소비자가 갑이 된다. 또 다른 예로, 아이돌스타 데뷔를 앞둔 연습생의 경우 기획사와 방송국에서는 절대적 을이지만 대중의 인기를 얻고 난 이후에는 모든 선택과 결정에 있어 갑이 된다.

이렇게 상황에 따라 변화하는 것이 갑과 을의 관계이지만, 갑의 행태가 '갑질'로 변질되면 문제는 심각해진다. 예전에도 갑의 횡포는 종종 있었으나 지금처럼 관심이 집중된 적은 없었다. 피해 사실이 고스란히 담긴 증언과 녹취가 공개되면서 국내 대기업 소유주가 줄줄이 고개 숙여 사죄하고 있다. 갑질에 대한 논란이 새삼 증폭되는 이유는 무엇일까?

먼저 과거에 비해 개인의 권리를 지키려는 인식 수준이 전체적으로 높아진 데서 그 원인을 찾을 수 있다. 산업화와 민주화를 거치며 사회적으로 성숙한 시민의식은 이유 없는 부당함에 목소리를 낼 수 있는 근거가 되었다. 제도권 내의 교육도 영향을 미쳤겠지만, 수많은 채널이 제공하는 다양한 양질의 정보도 중요하게 작용했을 것이다. 하지만 성숙한 시민의식은 자신의 권리 인식과 함께 타인에 대한 존중과 배려가 어우러져야 한다는 점에서, 시민의식 제고만으로는 최근의 갑질 논란이 완전히 설명되지 않는다. 갑질의 부당함에 대한 문제제기 증가는 설명될 수 있지만, 갑질이 급격하게 증가한 원인을 규명하기에는 역부족이다. 단순한 개인적 일탈로 치부하기에도 사례가 너무 많다.

갑질 문제는 결국 권력의 문제다. 소유하고 있거나 동원할 수 있는 유무형의 자원을 가진 자와 가지지 못한 자 간의 차이는 불평등한 관계를 낳고, 불평등한 관계는 권력의 문제로 이어진다. 위계로 인한 부당한 압력에서 벗어나기 위해서는 효과적인 대안 자원을 마련할 방법이 사회적 약자에게도 열려 있어야 하지만, 그것이 쉽지 않기에 수직화된 갑을관계는 공고화된다. 게다가 장기화된 경기침체와 불황은 왜곡된 갑을관계를 양산하고 강화하는 기반으로 작동한다.

빅데이터를 통해 우리 사회에서 갑질이 본격적으로 문제가 된 것이 언제부터인지, 또 어떤 사건을 계기로 그 심각성이 논의되었는지를 살펴보았다. 아울러 뉴스 기사와 대표적인 SNS 채널인 트위터에서는 갑질과 관련해 어떤 내용을 주로 언급했는지 연관어를 통해 파악해보았다.

2013년부터 '갑질' 기사가 등장

갑질은 그 이전부터 존재했겠지만 언론보도에 갑질이 등장한 것은 2013년 5월이었다. 남양유업의 대리점 밀어내기 사태가 계기였다. 밀어내기란 본사가 대리점주에게 상품을 강제로 떠넘기고 환불 요구를 받아주지 않는 관행을 말한다. 밀어내기를 거부하는 대리점주에게 막말을 퍼붓는 본사 측 담당자의 목소리가 담긴 녹취파일이 온라인에 유포되면서 사태는 남양유업 불매운동으로 이어졌다. 또 같은 시기에 여객기에서 라면을 제대로 끓여주지 않았다고 승무원을 폭행한 소위 '라면 상무' 사건도 사회적 공분을 샀다.

이후 2014년 12월에 '땅콩 회항' 사건이 갑질 관련 단일 사건으로는 최다 보도 횟수를 기록했다. 뉴욕발 여객기에서 대한항공사 사주의 딸이자 임원이 객실 승무원의 서비스를 문제삼아 출발한 항공기

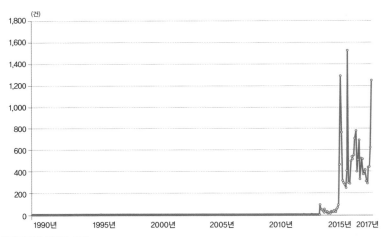

| 갑질 관련 기사량 추이

를 회항시키고 사무장을 강제로 내리게 한 뒤 승무원들을 기내에 무릎 꿇린 사건이다. 이로 인해 항공편 운항이 정해진 일정보다 40여 분 지연되었고 문제가 표면화된 이후에도 해당 항공사의 대처가 온당치 않아 전 국민적 비난을 받았다.

이 외에도 취업이 어려운 최근의 상황을 명분 삼아 청년 구직자들의 비합리적 저임금 노동을 당연시하는 '열정페이' 문제나 백화점 주차장에서 주차관리원을 무릎 꿇린 '백화점 모녀 사건', 자신이 운영하는 골프장의 캐디를 폭행한 사건, 각종 프랜차이즈 가맹점에 대한 본사의 횡포, 장성 부부가 군 관사의 공관병에게 부당한 노동을 강요한 사건에 이르기까지, 갑질 고발과 문제제기는 하루가 멀다 하고 이어졌다.

근원적 대책보다는
사건을 향한 비난만

다음으로는 갑질이 사회적으로 어떻게 인식되고 있는지 보다 구체적으로 분석하기 위해 갑질과 함께 언급된 연관어를 살펴보았다. 일단 특정 사건에서는 사건이 발생한 자세한 경위와 가해자, 피해자가 주로 언급되었다. 자신의 우월적 지위를 남용한 '땅콩 회항' 사건이나 '백화점 모녀' 사건이 대표적이었고, 갑질의 주요 주체로 오랫동안 비판받아온 '대기업'이나 '국회의원' 등도

운전기사 피해자 구치소
우월적 지위
가맹점 땅콩 회항 공관병
국회의원 사령관 누리꾼 SNS
대기업 공정위 백화점 모녀
경비원 막말

| 뉴스 기사에 나타난 갑질 연관어(2013년 5월~2017년 7월)

남양유업 창업주 경비원 밀어내기 하청 업체
공관병 아이돌 쿠팡맨 대기업 서비스 만족도
논란 교수 협박 돈 우월적 지위 과징금
고객 물매
상전질 대형 소속사 부인 아딸 공정위 레전드
성추행 최저임금 회장 브랜드 횡포 으스대다
권위주의 보좌관 미스터피자 김상조 강요
폭언 점주 종근당
프랜차이즈 감정노동
개저씨 가맹비 운전기사 사과

| SNS에 나타난 갑질 연관어(2016년 8월~2017년 7월)

함께 언급되었다. 더불어 갑질의 직접적 피해자인 '운전기사', '가맹점', '경비원', '공관병' 등도 추출되었다.

이러한 양상은 SNS에서도 비슷하게 나타났다. 2016년 8월부터 2017년 7월까지 1년 동안의 SNS 갑질 연관어를 보면, 언론 기사보다 훨씬 다양한 대상과 문제를 언급했다. 가장 많이 언급된 키워드는 '부인'이었는데, 자세히 살펴보니 2017년 대선 당시 대통령 후보였던 한 국회의원의 부인이 국회의원 보좌관에게 자신의 사적 업무를 강제한 사건과, 공관병에게 인격적 모욕을 퍼부으며 부적절한 노역을 강제한 군장성 부인을 지칭하는 것이었다.

이 외에도 여러 기업명과 '협박', '돈', '상전질', '폭언', '횡포', '밀어내기', '강요', '성추행' 등 다양한 갑질 행위가 추출되었다. 비단 대기업 소유주만의 문제는 아닌 듯했다. 지금껏 주요 갑질 주체로 비난받아온 이들이 아닌 평범한 사람들의 갑질 행위를 엿볼 수 있는 '감정노동', '고객', '서비스 만족도', '개저씨', '최저임금', '으스대다' 같은 단어도 볼 수 있었다. 전반적으로 갑질을 향한 비난과 문제제기는 있었지만 이 문제를 어떻게 해결할 것인지에 대한 논의는 거의 나타나지 않은 셈이다. 소비자의 '불매'나 공정거래위원회가 추징하는 '과징금'을 제외하고는 대안과 대책을 거의 찾아볼 수 없었다.

갑질 등의 악습과 불의가 이슈화되면 자연스레 사회적 공분이 끓어오르게 된다. 하지만 분노만으로는 문제를 해결할 수 없다. 진정한 공생과 상생을 바탕으로 더불어 사는 삶을 위해 자신과 자신을 둘러싼 관계와 사회규범에 대한 반성적 성찰이 필요하다. 뒤르켐은 유기적 연대의 사회, 즉 상생이 도모되는 사회로 진화하면서 집합주의적 가치와 규범이 개인주의적 가치와 규범으로 이행한다고 설명했다. 뒤르켐이 말하는 개인주의는 이기주의적, 또는 공리주의적 개인주의가 아니라 도덕적 개인주의라는 점이 중요하다. 도덕적 개인주의는 개인의 존엄성과 자율성을 중시하면서도 타자에 대한 배려와 공동체에 대한 의무를 강조하는 사상으로, 분업화된 현대를 살아가는 우리들에게 반드시 필요한 도덕적 원리다.

다시 지금의 현실로 돌아오자. 갑질을 우리 사회에서 완전히 퇴출하기 위해서는 우선 두 가지 영역에 노력을 쏟아야 할 것이다. 먼저 경제시장에서의 갑질을 제어하기 위해서는 무엇보다 공정거래위원회의 권한을 강화해야 한다. 갑질을 가능하게 하는 시장 요인을 적극적으로 세심하게 파악하고, 투명하고 공정한 원칙을 적용해 불공정한 관행을 일삼는 주체에게 엄격한 처벌을 내려야 한다. 그 주체가 어떤 세력이든 예외 없는 원칙 적용으로 일벌백계의 본보기를 보이는 한편, 피해 당사자들의 고통을 최소화하는 방법을 모색해야 할 것이다.

두 번째로는 사회적 인식 개선과 실천의 노력이다. 공생과 상생의 가치에 대한 자성적 성찰이 필요하다. 을 없이는 갑도 없다. 뒤르켐의 도덕적 개인주의를 하루아침에 내면화하기는 쉽지 않겠지만, 그간의 인권 의식 제고를 고려하면 불가능한 일도 아니다. 이제는 내

권리만큼 타인의 권리도 소중하다는 인식만 사회적으로 공유하면 될 일 아닌가. 자신과 관계하는 타인의 역할과 업무를 제대로 이해하기만 해도 건강한 공생과 상생은 충분히 가능하다.

데이터 출처

기사: 한국언론진흥재단의 빅카인즈서비스(1990년 1월~2017년 7월의 데이터를 추출함).
SNS: 닐슨코리안클릭의 버즈워드데이터(약 2,200만 개 트위터 계정에서 2016년 8월 1일~2017년 7월 31일의 데이터를 추출함).

정부 신뢰와
제도 변화

2018년 대한민국의 여름은 그 어느 때보다 뜨거웠다. 기상관측 이래 더위와 관련한 모든 기록이 경신되었다. 111년 만의 더위라 했다. 밤낮으로 이어지는 폭염은 사람을 지치게 했고, 지나치게 더운 탓에 피서지 인파도 예년보다 오히려 줄었다. 오죽했으면 마른하늘을 바라보며 차라리 태풍이라도 지나길 바랄 정도였다. 더위를 피해 설곳은 전국 어디에도 없었다. 지구온난화로 이런 추세는 심화할 것이라는 암울한 전망만 들렸다.

열흘 이상 지속된 열대야로 뜨거워진 대지는 아침이 되어도 식지 않았다. 대부분의 여름을 에어컨 없이 지냈던 가정도 에어컨을 구입해 가동했다. 정부도 이 폭서를 재난 수준의 위기 상황으로 규정하고 국민 건강과 안전을 위한 방안을 강구했다. 그중 하나가 누진제에 대한 한시적 혜택 마련이었다.

1973년, 오일쇼크라 불리는 석유파동이 있었다. 이후 에너지 절약을 유도하기 위해 1974년부터 산업용 전기를 제외한 가정용 전기요금에 누진제를 적용하기 시작했다. 전기 사용량에 따라 요금 기준을 3단계로 구분하여 사용량이 많을수록 1킬로와트시^{kWh}당 단가를 높게 책정하는 방식이다. 결과적으로 누진제를 적용하면 1단계와 3단계의 1킬로와트시당 요금이 3배 이상 차이 나게 되는데, 2018년의 폭서로 에어컨 가동 시간이 전체적으로 크게 늘면서 전기요금 책정 기준의 적절성에 문제를 제기하는 이들이 급증한 것이다.

여기서 누진제의 적절성과 정당성이 문제였다면 왜 지난 40여 년간 별다른 사회적 논의가 이루어지지 않았는가 하는 의문을 제기할 수 있다. 누진제 적용을 시작한 1970년대는 부유층만이 대형 가전제품을 사용할 수 있던 때이기에 해당 제도 시행으로 소득재분배 효과를 꾀할 수 있었다. 하지만 냉장고나 에어컨이 어느 가정에서나 쉽게 찾아볼 수 있는 흔한 가전이 되자 그 효과는 미미해졌다. 그럼에도 오래 시행되어 관행처럼 굳어진 탓에 누구도 누진제에 크게 문제를 제기하지 않았던 것이다. 이 같은 이해를 바탕으로 먼저 전기요금 누진제에 대한 그동안의 기사 언급량 추이 관찰을 통해 논의가 본격화된 시점을 살펴보고 해당 기간 중 SNS에는 어떤 여론이 형성되었는지를 분석해보고자 했다.

누진제 이슈화,
제도 학습과 문제의식 공유로 가능해져

　　　　　　먼저 2010년 이후 기사에서 누진제가 얼마
나 언급되었는지 추이를 살펴보았다. 전반적으로 여름에 누진제 관
련 보도가 증가하는 양상을 보였는데, 2016년 8월에 가장 많은 기사
가 보도되었다. 총 1,434건으로, 이는 두 번째로 많은 기사량을 보인
2018년 8월 619건의 2배를 웃도는 수치다.

　2016년에 적용되던 누진제를 살펴보니 누진 구간이 총 6개로 나
뉘어 있었고 1단계와 6단계의 요금이 11배 이상의 차이를 보였다.

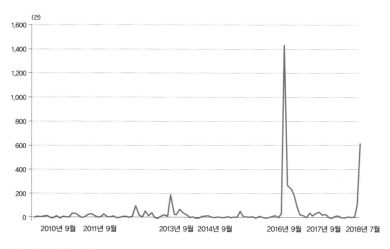

| 누진제 관련 기사량 추이

그리하여 당시 이 같은 불합리한 책정 기준을 문제시하는 여론이 형성되어 제도를 완화하거나 폐지하자는 논의가 급물살을 탔다. 물론 바로 당장 적용할 수 있는 방안을 마련하지는 못했지만 지속적인 논의 끝에 같은 해 11월 현재의 3구간 분할 기준 누진제로 제도가 개선되었다.

기사량과 개편안 마련 내용 등을 통해 우리 사회에서 누진제 문제가 본격화된 시점이 언제였는지는 명확히 알 수 있었지만, 의문은 여전히 남았다. 왜 하필 2016년이었을까? 폭염의 결과로 가정의 에어컨 사용 시간이 늘어 전기요금에 대한 우려가 증가했을 것이라는 상식적인 추론을 해볼 수 있지만 이 역시 왜 하필 2016년이었는지에 대한 의문을 완전하게 해소해주지는 못한다. 서울을 기준으로 2013년에도 열대야 현상이 18일이나 나타났기 때문이다.

이를 알아보기 위해 데이터를 통해 2016년의 상황이 예년과 어떻게 달랐는지 비교하고자 2015년 6월 1일부터 2016년 8월 19일까지의 트위터 게시물을 중심으로 전반적인 관련 언급 추이를 관찰해보았다. 데이터 추출에 이용한 주요 키워드는 '누진제', '누진세', '더위', '폭염' 등이었다. 또한 당시의 정확한 날씨 변화 양상을 파악하기 위해 기상청의 일별 서울 최고기온 데이터도 분석 대상으로 삼았다.

먼저 더위 언급량과 기온의 관계를 보자. 그래프에 나타나듯 기온 상승에 따라 트위터에서의 더위 언급량이 자연스레 증가했다. 또 2016년에는 7월과 8월에 최고기온이 섭씨 35도를 넘는 날이 다수

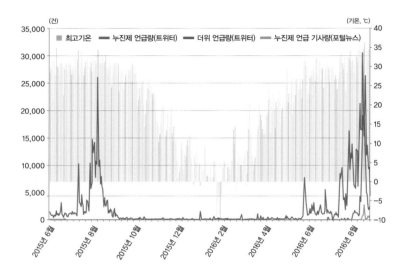

| 누진제와 더위 언급량 및 기온 추이(2015년 6월~2016년 8월)

있었고, 이 시기를 중심으로 더위 언급량이 특히 급증했다.

보다 뚜렷한 차이는 전기요금 누진제를 언급한 트위터 게시물과 기사에 나타났다. 2015년에는 기온에 관계없이 누진제 언급이 거의 없었던 데 반해 2017년에는 7월 이후 관련 트위터 게시물과 기사량이 폭발적으로 증가했다. 양상을 보다 자세히 살피기 위해 누진제 언급량이 본격적으로 증가한 7월 1일부터 8월 19일까지의 추이를 따로 도식화해보았다.

그래프에 확연히 드러나듯 7월 들어 기온이 점차 높아지기 시작하면서 '더위' 언급이 증가했다. 누진제 관련 트위터 게시물은 7월

말부터 급격하게 증가했으며 특히 8월 9일부터 11일까지는 2만 건에 가까운 게시물이 생산되었다. 그리고 이 같은 현상은 하나의 패턴을 보였는데, 먼저 더위를 언급하는 트위터 게시물이 증가한 후이어 누진제를 언급하는 게시물이 증가하고, 그다음으로 관련 기사량이 증가하는 흐름이었다. 아울러 누진제 관련 기사가 트위터상에서 수차례 리트윗(재게시)되면서 누진제에 대한 정보 공유와 관심이확산된 것으로 판단된다.

이와 함께 누진제 이슈화의 중심에 있는 인물이 누구인지도 파악해보았다. 트위터에서는 일반 게시물 작성뿐 아니라 타인의 게시물

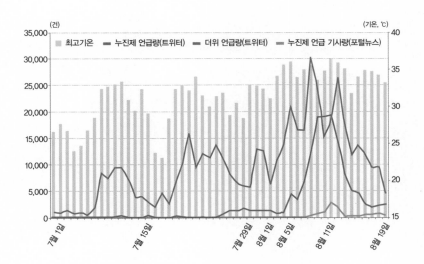

| 누진제와 더위 언급량 및 기온 추이(2016년 7월~8월)

을 반복해 게시하면서 코멘트를 덧붙이는 방식의 의견 개진이 일반적이기에, 많이 공유된 게시물의 작성자는 곧 해당 이슈의 공론화에 중요한 역할을 했다고 볼 수 있다. 트위터에서의 누진제 언급 추이를 살펴본 결과 이슈화 초기에는 종합편성채널의 한 시사 프로그램에서 유시민 작가가 한 발언이 중요한 역할을 했고, 논의가 본격화된 7월 말부터는 이재명 당시 성남시장@Jaemyung_Lee과 누진제 개편안을 제출한 더불어민주당의 박주민 의원@yoeman6310이 그 중심에 섰다.

사회적 이슈가 생성되고 여론이 형성되는 데는 여러 요인이 필요하다. 근거가 되는 사건이나 인물이 있어야 하며, 사회적 공감을 끌어내는 매체와 그 공감대를 체감할 수 있는 채널도 중요하다. 나만 느끼는 문제가 아니라 사회 구성원 모두가 문제시하는 사안임이 폭넓게 공유되면 모두가 보다 적극적인 태도로 문제 해결에 임하게 된다. 누진제 이슈도 같은 맥락에서 이해할 수 있다. 물론 매년 더위가 심해진 탓도 있었지만 제도에 문제가 있음을 인식하고 그 내용을 서로 널리 공유하면서 누진제는 사회적 이슈가 될 수 있었다. 여기에는 누진제의 문제점을 설명하는 온라인 게시물 확산과 그에 따른 학습효과의 영향이 컸고, 이것이 하나의 큰 여론이 되면서 사회 구성원 다수가 제도 변화를 적극적으로 요구하게 되었다.

누진제 폐지와
한전을 향한 비판

　　　　　　　　다음으로는 SNS를 대상으로 누진제 언급량
이 가장 많았던 기간의 연관어를 분석했다. 전반적으로 제도의 세부
적인 내용과 그에 따른 우려와 불만을 표현하는 단어, 그리고 해결
을 촉구하는 연관어를 다수 볼 수 있었다. '산업용'이 아닌 '가정용'
전기에만 누진제를 적용해 '전기요금'을 책정하기에 모두가 '사용
량'에 민감할 수밖에 없는 상황에서, '폭염' 속에 '에어컨' 이용이 늘
어 요금 '폭탄'을 맞게 될까 '부담'스러워하고 '걱정'하는 마음이 고
스란히 드러났다. 더불어 '요금 체계' '개편'과 누진제 '폐지' 요구도

| SNS에 나타난 누진제 연관어(2016년 6월~8월)

눈에 띄었다. 또한 '정부', '산자부(산업자원부)', '한전'을 향한 불만의 목소리도 컸고, 이슈화를 촉발한 '이재명 시장'과 '박주민 의원'도 다수 언급되었다. 6개 구간 체계로 시행되었던 누진제는 '11배'의 요금 차이가 존재했고, 한시적 적용을 고려한 누진제 '완화'안을 시행할 경우 '6,000억' 원이 소요될 것이라는 예측 또한 많이 언급되어 누진제에 대한 인지도와 이해도가 전반적으로 높아졌음을 알 수 있었다.

2018년에도 누진제 논란은 반복되었다. 불과 2년 전에 요금 체계를 전면적으로 개편했지만 재난 수준의 더위 탓에 그조차도 부족하다는 여론이 다시 들끓었다. 누진제 폐지 혹은 개편을 요구하는 청와대 홈페이지의 국민 청원도 200건이 넘게 등록되었다. 정부도 사안의 심각성을 인지하고 발 빠르게 대응해 7월과 8월의 전기요금을 한시적으로 일부 감면해주는 대책을 시행했다. 아울러 누진제에 대한 근본적인 재검토를 통해 새로운 요금 체계를 마련하겠다는 약속도 내걸었다.

반복되는 누진제 논란을 보며 신뢰의 문제를 생각한다. 제도에 대한 신뢰는 곧 정부를 향한 신뢰다. 제도 수립은 시행 과정에서 나타날 수 있는 문제까지 면밀하게 검토한 후 계획되어야 한다. 그래야만 안정적으로 예측 가능한 미래를 맞이할 수 있다. 재난 수준의 더위가 오더라도 전력 수요는 충분히 예측할 수 있는 영역이다. 수요 예측이 가능하다면 전력 요금 책정 기준도 합리적으로 마련할 수 있다. 누진제는 합리적인 제도였는가? 한시적 완화가 가능했다면 왜 진작 시행하지 않았던 것인가? 그저 폭주하는 불만을 잠재우고자 임시방편으로 시행한 우는 아이 달래기식 제도였다면, 추후 비슷한 상황에도 계속 이 같은 식으로 대응할 것인가? 합리적이고 장기적인 대안은 없는가?

누진제 완화를 통해 정부는 변화하는 환경과 여론에 따라 제도를 유연하게 운영할 수 있는 능력을 증명했지만, 근본적인 신뢰를 확보했다고 보기는 어렵다. 누진제 이슈는 다른 사회적 사안과 달리 찬반 구도가 거의 나타나지 않았다. 이해관계가 대립하지 않았기 때문이다. 만약 요금 체계 완화로 인한 재정 부담이 컸다면 정부가 보다 적극적으로 국민들에게 이해를 구했어야 한다. 그렇지 않으면 제도 자체에 문제가 있음을 시인하는 것이나 마찬가지이기 때문이다. 앞으로도 국민 생활과 직결된 정책에 대해서는 보다 철저하고 엄정한 검토가 필요하다. 사람도 정부도 신뢰를 얻기는 어렵지만 잃기는 쉽다.

데이터 출처

닐슨코리안클릭의 버즈워드데이터(약 2,200만 개 트위터 계정에서 2015년 6월 1일~2016년 8월 19일의 데이터를 추출함).

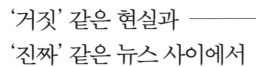

'거짓' 같은 현실과
'진짜' 같은 뉴스 사이에서

IT 기술의 발전과 함께 개인은 한자리에서 수많은 정보를 손쉽게 소비하게 되었다. 아침에 배달된 신문을 펼치는 모습이나 저녁에 텔레비전 뉴스를 시청하는 일상이 아예 사라지지는 않았지만 오늘날의 보편적 풍경이라고 하기는 어려워졌다. 스마트폰을 필두로 언제 어디서나 새로운 소식과 정보를 얻을 수 있는 환경의 도래는 이제 넘쳐나는 정보를 어떻게 선별할 것인지에 대한 고민을 안겨주었다.

온라인에는 유익하고 생산적인 정보만 있는 것이 아니다. 오히려 익명과 비대면이라는 환경을 악용해 타인을 속이는 정보를 손쉽게 생산하는 이들이 많다. 대형 포털사이트나 정부도 거짓 정보로 인한 피해가 발생하지 않도록 제도적 장치를 마련하고 있지만, 아직 예방

보다는 사후약방문식 처리에 머무르고 있다.

더욱이 전파와 확산이 쉽고 빠르다는 특성을 악용해 의도적으로 왜곡된 정보를 유포해 이익을 취하려는 이들로 인한 사회적 피해가 점차 커지는 추세다. 물론 과거에도 주가조작을 위해 거짓 정보를 흘려 투자자들을 기만하고 이익을 편취하는 범죄가 있었지만 대개 피해 범위가 전 사회로 확장되지는 않았다. 하지만 최근의 상황은 다르다. 근거 없는 루머라도 그럴싸하거나, 의심스러운 내용이지만 사회적 관심도가 높은 주제의 이야기라면 다수가 무비판적으로 공유하고 소비한다. 즉, 다양한 매체와 채널 속에서 개인은 자기도 모르는 사이에 정보를 소비하는 동시에 유통과 확산에 참여하는 주체가 되는 것이다.

특히 선거와 같이 국가의 미래를 결정하는 국민의 선택을 앞둔 상황에서는 일반에 유통되는 정보의 내용이 매우 중요하다. 후보에 대한 정보가 유권자의 선택을 좌우하는 직접적 근거로 작용하기 때문이다. 과거 한때는 선거유세 현장에 모인 인파의 규모가 해당 후보의 지지도를 가늠하는 척도로 활용되었다. 그러나 미디어의 파급력이 커지면서 이 같은 대규모 선거유세는 사라졌고 후보의 메시지를 전달하고 지지를 유도, 공유하는 방식이 크게 변화했다. 인터넷은 후보자의 이력과 생각을 쉽게 알 수 있도록 해주었을 뿐 아니라 후보와의 소통과 지지자 간의 결합을 용이하게 만들었다. 더불어 유권자들끼리도 서로 다양한 정보를 주고받으며 상시적으로 정치적 지식을 쌓을 수 있는 환경이 조성되었다.

물론 긍정적 측면만 있는 것은 아니다. 박근혜 전 대통령 탄핵 사태와 주요 선거 과정에서 '가짜 뉴스fake news'에 대한 관심과 우려가 나타났다. 비슷한 문제는 과거에도 존재했지만, 가짜 뉴스는 최근 들어 새롭게 등장한 개념이다. 'fake'를 달리 번역해 '조작 뉴스'나 '속임수 뉴스'라고도 하고, 아직 정의와 범위가 공식적으로 정확히 규정되지는 않았지만 대개 특정한 목적으로 언론인을 사칭해 언론사의 기사 형식을 모방하여 기사처럼 보이도록 만든 거짓 정보를 의미한다. 일반적인 오보는 가짜 뉴스로 보지 않는다. 잘못된 사실을 제공하는 기사이긴 하지만 정식 언론인이 작성한 것인 데다 고의적인 왜곡이나 특정한 목적을 성취하려는 의도가 없기 때문이다.

가짜 뉴스의 해악은 2016년에 치뤄진 미국 대선에서 크게 부각되었다. 힐러리 클린턴 후보가 이슬람 근본주의 무장 테러단체 IS와 관계되어 있다거나 프란치스코 교황이 도널드 트럼프 후보를 지지한다는 의사를 밝혔다는 등 근거 없는 허위 정보가 뉴스 형식으로 페이스북 등의 SNS를 통해 확산되었다. 해당 뉴스의 진위 여부는 물론 책임 소재 논란까지 사회적으로 큰 파장이 일었다. 독일에서도 앙겔라 메르켈 총리가 히틀러의 딸이라는 가짜 뉴스가 확산되면서 문제의 심각성이 본격적으로 대두했다.

가짜 뉴스 자체도 문제이지만, 가짜 뉴스로 인해 발생하는 잘못된 판단과 가치 혼란에서 오는 문제가 더 심각하다. 왜 사람들은 근거 없는 거짓 정보에 관심을 갖고, 또 전파하는 것일까? 가짜 뉴스 자체가 새로운 개념이기에 깊은 차원의 연구는 아직 진행되지 않았지만, 비슷한 맥락의 루머 연구에서 그 실마리를 찾을 수 있다.

루머의 전파와 확산을 설명하는 주요한 사회학 개념 중 사회적 폭포 효과social cascades와 집단 극화 현상group polarization이 있다. 사회적 폭포 효과란 개인이 판단을 내릴 때 타인의 생각과 행동에 의존하려는 경향에서 비롯하는 것으로, 일정 수의 사람들이 루머를 믿으면 다른 사람들도 이를 따르게 되는 현상을 의미한다. 사회적 동조와 비슷한 맥락이다. 개인은 다수의 확고한 견해가 자신이 아는 지식과 다를 경우 잘 알고 있는 것이라도 타인 앞에서는 거짓으로 말하거나 최소한 자신의 의문을 억누르는 경향을 보이는데, 이는 사실 여부보다는 주변 사람과 상황이 개인의 판단에 보다 중요한 영향을 미친다는 사실을 시사한다.

집단 극화는 루머 확산의 원인이자 결과라는 점에서 주목할 필요가 있다. 집단 극화란 같은 생각을 가진 사람들이 모여 정보를 교류하면 그 전보다 더 극단적인 생각을 하게 되는 현상을 말하는데, 이 때문에 루머가 공유될수록 개인은 이를 사실처럼 받아들이게 된다. 즉, 진위 여부를 가리는 데 관심이 없는 것은 아니지만, 같은 지향을 가진 사람들끼리 내용을 공유하며 기존의 신념을 강화한다는 것이다.

그래프에 나타나듯 대부분의 사회 이슈에 대해 여론은 완만한 종 모양의 분포를 보이며, 상대적으로 소수만 양극단에 자리한다. 그러

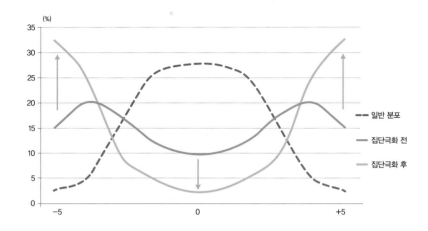

(%)

| 일반 분포
| 집단극화 전
| 집단극화 후

| 집단 극화로 인한 여론 분포의 변화

나 사안의 성격에 따라 두 집단으로 나뉘어 분포가 집중되는 경우도 있는데, 여기에 집단 극화가 더해지면 극단적 의견에 대한 동조를 통해 양극단의 비중이 증가해 그래프의 양끝이 올라가게 된다. 이 과정에서 중립 의견을 가진 사람의 수가 줄어들어 결과적으로 집단 간 갈등이 심화되고 소통이 어려워진다.

빅데이터를 통해 우리 사회가 가짜 뉴스를 어떻게 생각하는지 알아보았다. 가짜 뉴스에 대한 사회적 관심과 우려가 언제부터 나타났는지, 어떤 논의가 있었는지 '가짜 뉴스'를 키워드로 트위터와 뉴스 기사에서의 언급량 추이를 살펴보고, SNS에서 가짜 뉴스가 어떻게 얼마나 유통되고 있는지 파악해보았다. 한 가지 실험도 추가로 진행했다. 새롭게 등장한 가짜 뉴스가 확산되는 데 시간이 얼마나 소요되는지, 또 얼마나 오래 사람들에게 언급되는지 관찰했다.

가짜 뉴스에 대한 관심,
2016년 10월 이후 나타나

먼저 기사와 SNS에서는 2016년 10월 이후부터 가짜 뉴스가 언급되기 시작하여 최근까지 급격하게 증가하는 양상을 보였다. 기사 내용을 추적해보니 가짜 뉴스란 말은 소비자를 혼란시키는 기사 형태의 제품 광고를 지칭하는 단어로 처음 등장했

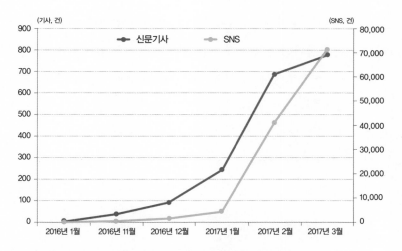

| 뉴스 기사와 SNS에 나타난 가짜 뉴스 언급량 추이(2016년 10월~2017년 3월)

Fake 대응 방안 전면전 기사체 파급력
전염병
대통령선거 대선판 우리나라 거짓 정보
언론 기사 악의적 SNS 트럼프
힐러리 클린턴 트럼프
페이스북 사생활 허위 사실
반기문
이철성 경찰청장 중앙선거관리위원회 프란치스코 교황

| 뉴스 기사에 나타난 가짜 뉴스 연관어

다. '민감한 사회 이슈에 대한 기사 형태의 거짓 정보'를 뜻하는 현재의 가짜 뉴스와는 의미가 다르다.

연관어를 살펴보니 가짜 뉴스의 주요 유통 경로인 'SNS'나 '페이스북'이 가장 두드러졌다. '뉴스'이지만 언론사가 아닌 SNS를 통해 주로 유포, 확산된다는 특징을 보여주는 대목이다. 또한 가짜 뉴스의 영향을 직접적으로 받을 수밖에 없는 대상, 이를테면 '대통령선거' 등도 눈에 띄었다. 아울러 '거짓 정보', '파급력', '악의적', '기사체', '대응 방안' 등 가짜 뉴스의 문제점을 지적하고 대책 마련을 촉구하는 키워드도 볼 수 있었다.

가짜 뉴스,
생산된 날 급속히 확산

그렇다면 가짜 뉴스의 지속력은 어느 정도일까? 뉴스의 유통기간과 확산 범위는 그 영향력을 가늠하는 척도가 된다는 점에서 매우 중요하다. 이를 알아보기 위해 2017년 1월과 2월에 트위터에서 많이 볼 수 있었던 가짜 뉴스 10건의 유통 및 확산 추이를 역추적해보았다. 생산 시점부터 공유 건수 평균치를 날짜별로 따져보니 그래프에 나타나듯 해당 뉴스가 생산된 날 가장 많은

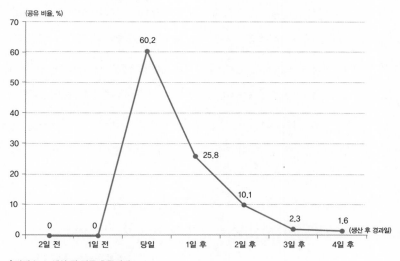

| 가짜 뉴스 생산 및 평균 유통기간

공유가 이루어졌고, 평균적으로 사흘간 활발하게 공유되는 흐름을 보였다. 가짜 뉴스의 60퍼센트 정도가 생산된 날 공유되었고, 사흘 후부터는 전체 대비 4퍼센트 정도만 공유가 지속되었다.

가짜 뉴스의 지속성은 사흘 정도로 비교적 짧은 편이지만, 처음 접한 정보가 기억에 훨씬 오래 남는다는 '초두효과primacy effect'와 반복 노출 및 학습이 판단력을 흐릴 수 있다는 점을 고려하면 그 해악이 적다고 할 수는 없다. 아울러 온라인 특성상 한번 유포되기 시작하면 확산을 쉽게 막을 수 없고 그 피해를 줄이기가 매우 어렵다는 점에서 효과적인 대책 마련이 필요하다.

가짜 뉴스 생산을 막기 위해 일부 언론사와 서울대학교 언론정보 연구소 등지에서 '팩트 체크fact check' 활동을 시작했지만, 누군가 의도를 가지고 생산한 가짜 뉴스를 모두 검증하는 것은 현실적으로 불가능하다. 가짜 뉴스의 주요 유통 경로로 지목된 페이스북은 보다 근본적인 대책으로 2018년 뉴스피드 알고리즘 전면 개편을 내세웠다. 페이스북의 CEO 마크 저커버그는 가족, 친구의 개인사를 공유하는 페이지와 사회 이슈에 대해 심층 토론을 벌일 수 있는 뉴스피드, 다른 콘텐츠를 게시하는 페이지를 별도로 분리할 것이라 밝혔다. 저커버그는 가짜 뉴스 문제의 심각성을 인식하고 "사회에 해를 끼치는 오용과 증오를 막고, 사람들이 페이스북에서 가치 있는 시간을 보내도록 하는 것이 2018년의 목표"라고 공개적으로 선언했다.

결국 사실 확인과 판단은 수용자의 몫이다. 가짜 뉴스 생산 및 유통이 사실 검증보다 훨씬 짧은 시간 내에 이뤄지기 때문에 기관의 검증만 기다리기에는 무리가 있다. 쉽지 않겠지만 온라인 뉴스 리터러시 제고를 위한 교육이 좋은 방법이 될 것이다. 뉴스 소비자들은 기사라고 무조건 맹신하기보다 다양한 매체의 정보를 비교하고 확인하는 과정을 통해 판단력을 키워야 한다. 건강하고 생산적인 정보만이 정보로서의 가치를 가진다. 정보 소비자도 판단력을 키워야겠지만 더불어 정보 생산자 역시 더 강한 사명감과 책임감을 가져야 할 것이다. 한 사회에 유통되는 정보의 신뢰도는 사회 전체의 신뢰에 직접적인 영향을 미치기 때문이다.

데이터 출처

기사: 한국언론진흥재단의 빅카인즈서비스(MBC, SBS, YTN 등의 방송사와 《한국일보》, 《경향신문》 등에서 2016년 10월~2017년 3월의 데이터를 추출함).

SNS: 닐슨코리안클릭의 버즈워드데이터(약 2,200만 개 트위터 계정에서 2016년 10월~2017년 3월의 데이터를 추출함).

4부

다가오는 미래와
새로운 과제

대학 | 북한 | 취업 | 미세먼지 | 인공지능
4차 산업혁명

이상과
현실 사이

교육은 미래를 결정하는 과업이다. 당장은 결실을 얻기 어려워도 보다 나은 내일을 위해 밀도 있는 준비가 필요하다. 개인의 발전을 위해서도 필수적이지만, 국가 차원에서도 교육은 백년대계百年大計다. 그렇기에 최근의 '대학 구조조정'이나 학과 간 통폐합을 둘러싼 논란과 갈등은 근원적 고민을 통해 풀어가야 한다. 우리 사회의 최고 교육기관인 대학의 생존과 재편의 문제이기에 대학 본연의 의미와 역할을 다시 한 번 깊게 성찰할 필요가 있다.

대한민국 국민이라면 모두가 '입시'의 이해관계자다. 개인은 저마다 각기 다른 적성과 능력을 지니지만 입시는 물론이고 교육도 현실적으로 그 다양한 적성과 능력을 모두 감안하고 수용하지는 못한다.

그래서 교육은 항상 갈등과 논란의 씨앗이었다.

경쟁을 기반으로 한 수월성秀越性을 교육의 목표로 삼을 것인지, 아니면 보다 많은 사람들이 협력적 가치를 배우며 안온한 공동체적 삶을 영위할 수 있도록 협력과 평등을 목표로 삼을 것인지에 따라 교육과정 및 내용은 달라질 수밖에 없다. 사회 구성원 모두와 관계되어 있으며, 당장 그 성과를 측정하기 어렵다는 점 때문에 우리에게 교육 문제는 언제나 난제였다.

2018년 8월, 공론화를 통해 입시제도를 개편했지만 기대에 미치는 성과를 거두지는 못했다. 대입 제도 개편을 위해 3개월에 걸쳐 시민 490명이 공론화에 참여해 개편안을 마련했음에도, 그 방향이 '현행 유지'로 결론 나면서 대학입시를 둘러싼 기존 갈등을 재확인하는 데 그쳤다는 비판이 쏟아졌다. 결국 최종 결정은 다시 교육부의 몫으로 돌아갔다.

사회가 변화하면 시스템도 변한다. 대학과 교육이라는 시스템과 사회의 변화는 어떤 관계로 보아야 할까? 대학과 교육이 사회의 변화에 적절하게 대응할 수 있는 인재를 수혈하는 역할을 해야 할까, 아니면 새로운 지향과 역량을 제공하여 사회 변화를 주도하는 본원의 역할이 먼저일까? 근대 이후 대학이 사회의 최고 교육기관으로 자리잡은 직후에는 후자의 모습이 전형이었다면, 이제 점차 전자의 기능에 초점이 맞춰지는 듯하다.

사회학자 송호근은 1990년대의 세계화가 지식 생태계의 변화를 가져왔다고 진단하며 다음과 같이 말했다. "기업이 영미식 자본주의로 아예 방향을 틀었듯이, 미국식 모델로 개조된 대학은 교수들을 계량적 지식 생산의 세계로 몰아넣었고, 동시에 추상적이지만 근본적인 개념에 대한 학문적 긴장이 사라졌다. 대학은 잘 훈련된 백발백중의 명사수, 그것도 소총수를 원했고, 엄선된 상품이 반듯하게 진열된 체인형 소매상을 원했지, 아무렇게나 어지럽게 모든 것을 갖춘 도매상을 원하지 않았다. 석학의 시대에서 전문가의 시대로, 지성인에서 지식인의 시대로 전환한 것이다."

송호근의 진단처럼 이제 긴 호흡과 거시적 담론, 미래를 위한 지성과 지혜는 대학에서 사라지고 있다. 당장 해결해야 하는 눈앞의 시급한 문제로 시야를 좁히라고 강요한다. 넓고 먼 관점이 아닌 깊고 좁은 시각을 요청한다. 끊임없이 변화와 경쟁을 요구하지만 그 결과의 파장은 길지 않다.

물론 다각적인 차원의 방안이 모색되었다. '융합'이라는 이름의, 이종異種 학문이나 학제 간 결합으로 새로운 시너지를 만들겠다는 계획이 수차례 수립되었고, 그에 따라 생소하지만 그럴듯한 이름의 학과와 전공이 수없이 만들어졌다. 그러나 투자한 노력과 시간에 비해 그 성과는 좋지 못했다. 다양한 이유가 있겠지만 자연스러운 결합이 아니었던 탓이 가장 크다. 문리文理의 영역을 천착한 결과에 따라 학문 간 결합의 필요가 발생했던 것이 아니라, 외부의 압력으로 인한 결합이었기 때문이다. 물론 획기적인 성과를 이룬 분야나 연구도 있을 것이다. 하지만 대학이 기본적으로 추구해야 하는 본질적 지향과 패러다임이 변화했다고는 볼 수 없다.

대학별
자율성 확보라는 난제

대학을 둘러싼 사회 구성원들의 생각과 의견을 분석해보았다. 우선 지난 25년간 기사에 나타난 대학 관련 키워드를 추출해 대학 교육 및 정책 이슈의 흐름을 살펴보려 했다. 1991년 8월부터 2016년 7월까지를 대상으로 중앙일간지의 기사 데이터베이스에서 '대학', '대학교', '대학 교육' 등을 키워드로 연관어를 추출, 활용했다. 효과적 분석을 위해 5년 단위로 연관어 집합을 구분하여 주요 이슈의 흐름을 관찰하고자 했다.

대학 교육과 관련해 가장 빈번하게, 그리고 밀접하게 등장한 연관어는 '교육부'였다. 교육 주체의 자율성을 요구하는 대학과 거시적인 목표를 갖고 교육정책을 수립, 시행해야 하는 교육부의 줄다리기가 대부분의 이슈를 생산하고 있었다.

먼저 첫 번째와 두 번째 분석 기간인 1991년 8월부터 2001년 7월까지는 대학의 자율성이 가장 크게 보장된 시기였다. 대학이 적성시험과 본고사를 토대로 학생을 선발할 수 있었기에 각 대학이 지닌 고유한 특성을 살릴 수 있었다.

| 뉴스 기사에 나타난 대학 연관어(1991년 8월~1996년 7월)

| 뉴스 기사에 나타난 대학 연관어(1996년 8월~2001년 7월)

　특히 1996년부터 정부는 비수도권 지역을 대상으로 일정 기준만 충족하면 대학을 설립할 수 있도록 관련 법안의 규제를 완화했고, 대학 정원도 일부 자율화했다. 하지만 대한민국을 휘청이게 한 IMF 경제위기는 대학 사회에도 큰 영향을 미쳤다. 교육부는 곧 대학 경쟁력 강화를 명분으로, 학생 선발 방식이 초·중등 교육의 정상화를 저해할 경우 사립대 지원을 축소하는 정책을 시행했다. 또한 유사 학과

의 통폐합을 포함하는 구조조정을 기피하거나 학사와 재정의 건전한 운영이 이루어지지 않는 대학은 정부 지원을 대폭 줄였고, 부실 대학에 대해서는 퇴출까지 감행하는 등 교육부의 영향력이 여전히 건재한 상황이었다.

문제는 재정이다

2000년대에 들어서는 교육부의 대학 구조조정 작업과 교육개혁 평가가 본격화된다. 생존을 위한 대학 간 경쟁 또한 치열하게 전개되었다. 특히 인구 감소로 신입생이 줄어들면서 지방대학을 중심으로 학생 충원율이 감소하기 시작했고, 이는 대학 재정에 직접적인 마이너스 요인으로 작용했다. 그 결과 국립대는 지역을 중심으로, 사립대는 각자의 필요에 따라 인수합병을 단행하는

인수합병 모집 단위 구조조정
수도권 취업자 교육부 정시 모집
자율성 기업 수능 5개 영역
경쟁력 신입생 충원율 가중치 평준화

| 뉴스 기사에 나타난 대학 연관어(2001년 8월~2006년 7월)

대학이 많아졌다. 아울러 기존 대학도 경쟁력 제고를 위해 '두뇌 한국21', 이른바 'BK21'로 대표되는 정부 지원 사업을 수주하고자 다양한 노력을 쏟았다.

다음 시기인 2006년부터 2011년까지는 매우 다양한 변화가 있었다. 정부의 3불^주 정책(대학별 본고사 금지, 고교등급제 금지, 기여입학제 금지) 재고를 통해 대학의 자율성을 향상시키려는 노력이 있었지만 성취되지 못했다. 무엇보다 장기간 이어진 청년실업은 비단 대학생만의 문제가 아니라 사회적 과제로 대두했고, 대학등록금에 대해서도 계속해서 문제가 제기되었다. 그 결과 반값등록금 논의가 시작되었고, 실제로 지방선거에서 이를 공약으로 내건 박원순 서울시장 후보의 의지가 서울시립대에서 관철되기도 했다. 이와 함께 2008년부터

| 뉴스 기사에 나타난 대학 연관어(2006년 8월~2011년 7월)

대학 운영 현황을 투명하게 공개하는 '대학알리미' 제도가 시행되었고 기존의 사법시험 제도를 대체하는 법학전문대학원(로스쿨)의 설립 및 운영도 2009년부터 시작되었다.

　마지막 분석 시기인 지난 5년간 대학 사회를 아우르는 핵심 키워드는 '학령인구 감소'와 저조한 '취업률' 타개를 위한 대학 '구조개혁'의 본격화였다. 교육부는 학령인구 감소를 이유로 2018년부터 30퍼센트 이상의 대학에서 정원 축소가 불가피하다는 점과, 사회적으로 과소 공급되는 영역의 인력 충원 필요성을 지속적으로 지적했다. 그리고 이를 해결하기 위한 한 가지 방법으로 이공계 중심의 프라임Prime 사업을 포함하는 대학 구조개혁을 추진하게 된다. 그리하여 학과 간 통폐합은 물론 전체 대학 정원 축소와 이공계 정원 확대를 도모하고 개혁 사업 참여 대학에는 재정지원을 실시했지만, 소기의 목적을 달성하였는지는 미지수다. 대학 간 그리고 대학 내 전공

| 뉴스 기사에 나타난 대학 연관어(2011년 8월~2016년 7월)

별 주체 간 내홍과 갈등은 여전히 진행 중이다.

재단 비리와 부실 운영이 상존하는 대학이라면 학생들을 위해서라도 방안이 강구되어야 한다. 이 같은 문제에 해결 방안을 제시하는 것이 교육부의 역할 아닌가. 다만 그런 노력이 대학 본연의 목적을 진지하게 검토한 결과였는지는 의문이다. 그랬다면 오늘날의 문사철(문학, 역사, 철학)과 수학, 물리 같은 기초학문에 대한 냉대는 나타나지 않았을 것이다. 목욕물을 버리려다 아기까지 버리게 된 것은 아닌지, 백년대계의 관점에서 반성해볼 일이다.

지금까지 기사에 나타난 대학 연관어를 중심으로 대학을 둘러싼 주요 이슈의 흐름을 간략히 살펴보았다. '교육부', '자율성', '구조조정(개혁)'이 대부분의 시기에 공통적으로 나타난 핵심어였다. 한마디로, 고유한 특성을 지키기 위해 자율적으로 운영하기를 원하지만 교육부의 재정적 지원을 외면할 수는 없는 대학의 상황이 그대로 드러나고 있었다. 대학은 이제 낭만과 열정에 가득차 희망찬 미래를 발견하는 공간이라기보다 팍팍한 현실을 마주하는 공간이 되었다. 빠르게 변화하는 세상에서 살아남기 위해서는 어쩔 수 없는 일이겠지만, 그래도 놓치고 있는 것은 없는지 성찰이 필요하다.

대학 진학은 당위가 아니다. 그럼에도 여전히 중등교육에서의 최우선 목표다. 대학 자체의 기능과 역량에 대한 논의도 필요하지만, 대학의 역할에 대해서도 지속적으로 점검해야 한다. 당장 해결이 어려울지라도 대학 줄 세우기와 학벌주의를 타파하고, 모든 대학에서 일률적으로 세분화된 전공을 종합병원식으로 갖추기보다는 각 대학 고유의 특성을 살릴 수 있게끔 다양화와 전문화를 추구하는 방향으로 나아가야 한다.

대학의 구조와 역할이 변하면 중등교육 과정도 당연히 변화할 것이다. 언제나 입시라는 거대한 괴물에 주눅든 채 모든 것을 주요 과목 성적으로 평가받는 아이들에게 행복한 학습환경, 재밌는 수업을 제공해야 한다. 그것이 교육부가 할 일이다. 급변하는 현실을 겨우 좇으며 재정지원과 입학정원을 빌미로 대학을 압박할 것이 아니라, 백년대계의 큰 그림을 그리며 치밀하게 고민하고 과감하게 결단해야 한다. 우리 아이들, 나아가 우리의 미래가 달린 문제이기 때문이다.

데이터 출처

한국언론진흥재단의 빅카인즈서비스(1991년 8월~2016년 7월의 데이터를 대상으로, 연관어는 빈도를 중심으로 상대적 가중치가 1.5 이상인 단어를 추출함).

분단을 넘어
공존을 위한 동반자로

어느새 남북분단이 70년 가까이 이어지고 있다. 휴전 상황 역시 60년 간 이어졌고, 그동안 우리에게 남북 간 긴장은 피할 수 없는 상수였다. 그러면서 남북은 많은 굴곡을 거치며 갈등하고, 때로는 협력했다. 남북한 문제는 우리만의 문제가 아니었다. 지정학적 특성으로 주변 강대국에 영향을 받기도 하고 주기도 하는 다자간 외교의 중심이었다.

오랜 분단으로 남북의 생활양식과 가치관은 크게 달라졌다. 기성세대에게 통일은 하나의 당위이자 궁극적인 목표였지만, 이러한 인식은 이제 보편성을 잃고 있다. 2015년 서울대학교 통일평화연구원이 실시한 〈통일 의식 조사〉에 따르면, 50대 이상의 한국인 중

63.8퍼센트는 여전히 통일의 필요성을 긍정한 반면 20대는 30.7퍼센트만 긍정 의견을 보였다. '우리의 소원은 통일'이라는 노랫말에 공감하는 이들이 갈수록 줄어드는 것이다.

이런 상황에서 최근 극적으로 조성된 남북 간 협력 분위기는 새로운 기대와 희망을 가져왔다. 2018 평창 동계올림픽을 전후로 북측과 남측 대표단의 상호 방문이 이어졌고, 6개월 사이에 세 차례의 정상 회담이 개최되는 등 첨예한 갈등이 언제였냐는 듯 화해와 평화의 분위기가 조성되었다. 세계에서 가장 위험한 지역으로 손꼽히던 한반도는 세계인의 관심 속에 새로운 평화의 상징으로 떠올랐다.

그간 지속되어온 남북 간 갈등 양상을 고려하면 이 같은 급속한 화해와 긴장완화는 우리에게 매우 낯선 일이다. 남북 간 갈등도 갈등이지만, 북한은 핵개발이란 칼자루를 쥐고 미국을 포함한 세계 주요 국가와도 계속해서 마찰을 빚어온 터였다. 특히 미국을 겨냥한 장거리 미사일 발사를 감행하는 등 북한은 끊임없이 군사적 위협의 강도를 더해갔다. 그러다 급기야 2017년 8월 29일 아침에는 화성 12형 미사일을 북태평양 쪽으로 발사했고 그 시각 일본은 미사일이 지나간 지역에 경보를 발령했다. 해당 지역 주민들이 대피하고 신칸센 운행이 중단되는 등 불안과 혼란이 계속되었다. 이후에도 북한은 장거리 미사일 공격 위협을 멈추지 않아, 결국 미국은 대응책으로 북한을 '테러지원국'으로 지정해 경제제재를 강화함과 동시에 국지적 공격 의사까지 내비치는 등 강수를 두었다. 그야말로 갈등은 최고조에 달했다.

분단 이후 남북한 사이의 긴장 역시 계속되었다. 금강산 관광과 개성공단으로 대표되는 평화의 시간은 전체 분단 기간을 감안하면 찰나에 불과했다. 천안함 폭침과 연평도 포격 등 북한의 국지적 도발이 한반도 내의 문제였다면 핵개발과 장거리 미사일은 여러 국가의 많은 이해관계가 얽힌 다자간 문제였다. 이 과정에서 북한이 장거리 미사일 개발을 현실화하자 미국은 곧 북한에 더욱 강한 적대감을 드러냈다. 이해관계자였던 미국이 이해당사자가 된 것이다.

북한의 장거리 미사일을 대비한다는 목적으로 미국이 경상북도 성주에 마련한 사드THADD 기지는 중국 또한 한반도 문제에 보다 깊이 관여하는 명분이 되었다. 사드 배치 이후 한중 관계는 급랭했고 한국을 방문하는 중국 관광객의 수가 급감하는 상황으로까지 치달았다. 설상가상으로 일본 아베 정권은 북한의 도발을 근거로 자위대 재무장화를 추진했다.

국내 상황도 요동쳤다. 사드 배치를 둘러싼 첨예한 의견 대립은 평창 올림픽에서의 남북한 공동 선수단 구성과 김영철 북한 노동당 부위원장의 방남 문제, 북한과의 협력 방안 구상에 이르기까지 계속되었다. 국가 차원의 군사전략 고려와 함께 다양한 정치적 이해관계와 이념적 지향이 얽혀 있기에 간명한 방안의 마련은 쉽지 않았다.

이제 한 차례의 북미 정상회담과 세 차례의 남북 정상회담으로 팽팽했던 긴장은 다소 누그러졌다. 복잡한 국제정치와 안보 문제가 얽혀 있기도 하지만, 행보 예측이 어려운 두 지도자 트럼프 미국 대통령과 김정은 국방위원장이 비핵화 협상의 칼자루를 쥐고 있는 탓에 미래를 전망하기란 쉽지 않다. 상황이 이렇게 되자 이제는 주변국을 넘어 전 세계가 한반도를 주목하게 되었고 이 관심은 당분간 계속 이어질 전망이다. 이 같은 맥락에서 '북한'을 키워드로 2016년 이후 북한에 대한 관심도가 국내외로 어떻게 달라졌는지 그 추이와 내용을 살펴보았다.

외국의 관심이
더 크고 지속적

수치로 증명하기는 어렵지만 한반도의 긴장 상태는 우리보다 외국에서 더 크게 주목하는 경향이 있다. 툭하면 한반도가 전쟁에 돌입하는 것 아니냐며 외국에서 먼저 호들갑을 떤다는 편견이 생길 정도이니 말이다. 정말 국내외의 관심도가 그렇게 다른지를 간접적으로나마 확인하기 위해 북한 관련 온라인 검색 추이가 2016년 이후 국내와 해외에서 얼마나 어떻게 달라졌는지 관찰해보았다.

그래프에 수치화하기 위해 분석 기간 중 가장 많은 검색이 이루어진 시기를 100으로 두고 다른 시기의 검색량을 표시했다. 또한 국내외의 관심도를 비교하기 위해 네이버(검색어 '북한')와 구글(검색어

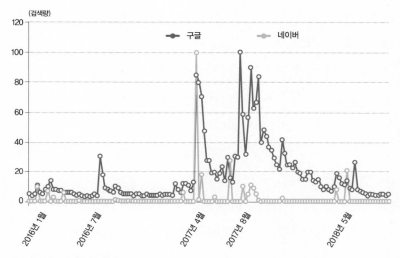

(검색량)

구글　네이버

국내외 북한 검색량 추이(2016년~2018년)

'North Korea')의 검색량을 모두 살펴보았다. 두 서비스를 활용하는 이용자 수에 큰 차이가 있긴 하지만, 해당 검색엔진에서의 검색량을 앞서 언급한 방식으로 표준화했기에 상대적인 비교에는 무리가 없을 듯하다.

그래프의 추이를 보면 전 세계인이 사용하는 구글에서는 2017년 4월과 8월에 검색량이 급증했고 특히 8월에는 꾸준히 많은 검색이 이루어졌다. 반면 네이버의 경우 2017년 4월 초에 검색량이 급증한 이후 서너 차례의 소소한 관심 급증 시기가 있었다. 구체적인 내용을 보면 국내외에서 동시에 나타난 2017년 4월의 검색량 증가는 '한반도 4월 위기설'이 제기되는 와중에 미중 정상회담 이후 미국의 핵 항공모함인 '칼빈슨호'의 한반도 배치에서 비롯되었다. 구글에서 가장 많은 검색량을 기록한 2017년 8월 10일은 북한 전략군이 화성 12형 중장거리 탄도미사일[IRBM] 4발로 미군기지가 자리한 괌을 포위 사격하는 방안을 검토하고 있다는 소식이 보도된 날이었다.

전반적으로 구글 검색량이 네이버 검색량보다 상대적으로, 그리고 지속적으로 높게 나타났다. 한반도 4월 위기설이 대두한 시기와 싱가포르에서의 북미 정상회담 시기를 제외하면 2016년 이후 전 기간에서 이러한 양상이 계속되었다. 분단이 오래 지속되면서 북한의 도발이나 변화에 한국인의 관심이 무뎌진 것일 수도 있겠지만, 그보다는 장거리 미사일을 둘러싼 상황에 직접적인 위협을 느낀 외국의 관심과 우려가 증가한 것으로 판단된다.

최근 들어
실질적 위험 증가

다음으로는 기사 데이터베이스가 구축된 1990년부터 현재까지 중앙일간지에 나타난 북한 관련 기사 내용을 분석했다. 먼저 북한 관련 기사는 그래프에 나타나듯 1990년 이래 꾸준히 생산되었는데, 특히 최근 들어 특정 사건이 발생한 시점에는 기사량이 폭발적으로 증가하는 양상이 빈번하게 나타났다. 그만큼

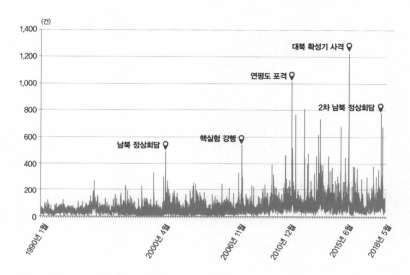

(건)

| 중앙일간지에 나타난 북한 관련 기사량 추이(1990년 1월~2018년 5월)

충격적인 사건이 자주 일어난 것이다. 최근의 남북 정상회담 관련 보도가 가장 많을 것이라는 예상과 달리, 최다 기사량을 기록한 시점은 2015년 8월 21일이었다. 같은 해 8월 10일에 발생한 목함 지뢰 사건으로 남측 장병이 중상을 입었고 이에 군에서는 대북 선전용 확성기 방송을 시작했다. 이를 계기로 북한이 휴전선 부근의 우리 영토에 포격을 감행했고 남북 간 군사적 긴장은 최고조에 달했다.

다음으로 기사량이 많았던 기간은 2010년 11월 23일 연평도 포격 도발이 있던 시기와 2018년 4월 판문점에서 남북 정상회담이 열린 시기였다. 그리고 2006년 10월 북한이 국제사회의 경고와 우려를 무시한 채 핵실험을 감행한 이후, 핵이나 장거리 미사일 개발 관련 이슈가 있을 때마다 관련 기사가 눈에 띄게 증가했다.

통일보다는 안보 우선

다음으로는 북한 관련 기사와 함께 '통일' 및 '안보'를 키워드로 기사량 추이를 살펴보았다. 그동안 우리 사회는 주로 인도적 차원에서 이산가족 상봉 문제와 경제협력을 위한 교류 확대, 문화 이질성 극복 등과 관련해 통일을 언급해왔다. 반면 안보

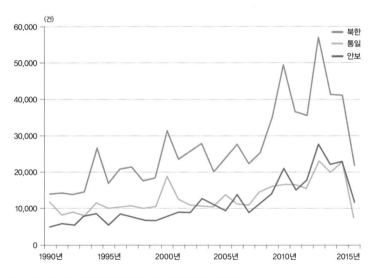

| 뉴스 기사에 나타난 연도별 북한 관련 내용 추이(1990년~2016년)

에 대한 강조는 남북 간의 긴장 상태가 고조되는 시기나 북한의 실질적 위협에 대한 대처 필요성이 대두될 때 주로 나타났다.

이러한 점을 고려해 '북한', '통일', '안보'를 키워드로 관련 기사량 추이를 연 단위로 살피면서 각 해의 기조를 파악해보고자 했다. 연 단위로 기사량을 파악한 이유는 특정 일자에 생산된 기사는 해당 시기에 발생한 사건에 크게 영향을 받기 때문에 기간 범위를 넓혀 전반적인 흐름을 살펴보기 위해서였다.

그래프에 나타나듯 2003년과 2006년을 제외하고는 1990년부터 2009년까지 20년간은 통일 관련 기사가 안보 관련 기사보다 많이 생산되었다. 2003년과 2006년은 모두 북한의 핵 위협으로 대응책 마련의 필요성이 강조된 시기였고, 2010년을 기점으로 현재까지는 통일 관련 기사보다 안보 관련 기사가 더 많이 생산되었음을 알 수 있었다. 2010년의 천안함 사건을 비롯한 수차례의 미사일 발사 실험 등 지속적인 북한의 도발이 남한을 포함한 주변국에 실질적 위협으로 작용하여 이 같은 양상이 나타난 것으로 판단된다.

북한, 실질적 위험을 넘어
비핵화 주인공으로

해당 내용을 보다 세부적으로 살펴보기 위해 2006년 이후 북한 관련 기사에서 연관어를 추출, 분석했다. 시기

[2006년~2011년]   [2011년~2016년]

| 뉴스 기사에 나타난 북한 연관어 비교

별 변화 양상을 비교하고자 2006년 6월 25일부터 2011년 6월 24일
까지와 2011년 6월 25일부터 2016년 6월 24일까지, 그리고 극적인
반전 양상을 보이는 2018년 등 세 시기를 대비하였다.

2010년 이전에는 '중국'이 북한 관련 기사에 가장 빈번하게 등장
했다. '탈북자' 지원과 '식량 지원' 등의 키워드도 눈에 띄었다. 반면
2010년 이후에는 미사일 관련 이슈가 가장 뚜렷하게 나타났다. 그
러다 보니 연관어의 내용도 크게 달라졌는데, 첫 번째 분석 시기에
는 협력적 교류 및 지원과 관련한 '통일부'나 '국가인권위원회' 등의
출현이 두드러진 반면 두 번째 시기에는 대북 제재와 대처를 주관하
는 '합동참모본부'와 'UN안전보장이사회', '국방부' 등이 주로 등장
했다.

세 번째 시기인 2018년의 핵심 키워드는 '비핵화'였다. 어찌 보면

| 뉴스 기사에 나타난 북한 연관어(2018년)

남북 간 갈등의 도화선도, 평화 무드 조성의 씨앗도 비핵화라 할 수 있다. 추출된 거의 모든 단어가 비핵화의 구체적인 내용과 주체, 관련 인물들로 구성되었다. 비핵화의 주요 조건인 '완전하고 검증 가능하며 돌이킬 수 없는 폐기$^{CVID, Complete, Verifiable, Irreversible Dismantlement}$', '대북 제재', '종전 선언', '미군 유해' 송환 등과 함께 협상의 주역인 '문재인 대통령', '트럼프 대통령', '김정은' 위원장, '폼페이오 장관' 등도 거론되었다. 관련 국가인 '중국', '러시아'와 '북미 정상회담'이 개최된 '싱가포르'도 볼 수 있었다.

과거에 비하면 훨씬 긍정적인 분위기이긴 하지만 안정된 공존을 위한 과제는 여전히 쌓여 있다. 일관되면서도 유연한 대책을 마련할 수 있다면 가장 좋을 것이다. 오랜 분단과 갈등, 긴장으로 남북 간 문제에 있어 불확실성은 변수가 아닌 기본값이 되었다. 불확실성을 기본 요소로 상정하고 다각적이고 입체적인 시나리오를 마련해야 한다.

텔레비전 예능프로그램에서도 새터민을 흔히 볼 수 있는 시대가 되었지만 다소간의 이질감은 어쩔 수 없다. 분단이 고착화하면서 단일민족이라는 인식이 희미해졌고 통일을 염원하는 이산가족의 수도 급감하고 있다. 당위로서의 통일 논의가 점점 설득력을 잃고 있다. 하지만 그렇다고 통일의 필요성이 줄어드는 것은 아니다. 물론 내 코가 석자인 작금의 경제 상황에서 북한을 미래 발전을 위한 협력대상으로 삼기는 쉽지 않을 것이다. 남과 북을 가로막는 분단의 경계는 휴전선에만 있는 것이 아니다. 오히려 물리적 장벽을 허무는 일은 쉬울 수 있다. 문제는 경계심과 의구심이다. 이해에 기반한 지속적인 소통으로 분단 극복을 향한 이성적 공감대를 마련하는 일이 무엇보다 중요하다. 안전하고 행복한 한반도를 소원이 아닌 현실로 만들기 위해서는 말이다.

데이터 출처

기사: 한국언론진흥재단의 빅카인즈서비스(중앙일간지를 대상으로 1990년~2016년의 데이터를 추출함).
검색 추이: 구글트렌드서비스trends.google.com, 네이버트렌드서비스datalab.naver.com/keyword/trendSearch.naver(2016년 1월 1일~2018년 8월 30일의 데이터를 추출함).

일상화된
일자리 고민

"뭐하는 분이세요?" 누군가를 알고자 할 때 상대에게 직접, 혹은 그 사람에 대해 알고 있는 제3자에게 흔히 건네는 말이다. 직업, 직職과 업業은 한 사람의 정체성을 구성하는 요소이자 생존을 위한 필요조 건이다. '직'이 조직 내에서 개인이 맡은 직무나 직위를 의미한다면, '업'은 개인의 적성과 능력에 따라 일정 기간 동안 종사하며 생계를 위해 전념하는 일을 의미한다. 결국 직업은 생계를 유지하기 위해 맡은 사회적 역할이나 경제활동이라 할 수 있다.

일과 직업을 구분하기란 쉽지 않지만, 일이 인류와 역사를 함께한 개념이라면 직업은 근대 이후 정립된 개념이라 할 수 있다. 신분제 에 기반한 고대나 중세 사회에서는 직업을 자유롭게 선택할 수 없었고 세습받은 일을 해야만 했다. 그러다 산업화와 분업화가 진행되면서 복잡한 구조의 대규모 조직이 등장해 조직 내 지위와 역할이 세분화되었고, 이는 개인의 생계를 보장하는 일을 넘어 개인 생애에서 이루고자 하는 목표로까지 발전했다.

그런가 하면 조직과 무관한 자영업자나 프리랜서도 있고, 일정한 직업 자체를 갖지 않는 프리터freeter도 있다. 프리랜서가 개인의 전문 능력을 활용해 조직 밖에서 독자적으로 일하는 사람이라면, 프리터는 시간제 일자리나 일용직을 전전하며 생계를 이어가는 사람이다. 정규직보다 더 많은 여유 시간을 확보해 삶을 누리고자 자발적으로 프리터를 선택하는 이가 있는가 하면 정규직으로 취업하지 못해 궁여지책으로 프리터가 되는 경우도 있다. 이처럼 사회 구성원의 일상과 경제활동은 직업 세계에 배태되어 있다.* 직업은 개인의 생애를 구성하는 핵심 요인이다.

구한말 독립운동가이자 사상가인 박은식 선생은 이상사회로 대동사회大同社會를 제시하며 그 모습을 다음과 같이 그렸다. "이상사회(대동사회)는 어진 이가 정치를 담당하며, 믿음에 기초한 화목한 가정이 이루어지고, 어른은 존경받고, 젊은이는 각자의 일자리가 있는 사회다."**

---

* 유홍준·정태인·김기현,《직업사회학》(성균관대학교 출판부, 2016).

** 김순석,《박은식: 불멸의 민족혼 되살려 낸 역사가》(역사공간, 2013).

예나 지금이나 안정적인 일자리 확보는 개인 일상과 사회 유지의 기본 전제로 작용해왔다. 하지만 IMF 경제위기 이후 한국 사회의 취업시장 상황은 언제나 암울했다. 기업에 몰아친 무자비한 칼바람이 사람들에게도 고스란히 전해졌다. 평생직장, 연공서열은 더이상 유효하지 않은 개념이 되었다. 구조조정이라는 명목으로 명예퇴직이 행해졌지만 명예는 온데간데없었다. 대대적인 감원이 가혹하게 진행되는 상황에서 신규 인력 채용은 계속해서 뒤로 밀렸고, 특히 사회초년생에게 취업의 문은 높고 좁았다. 학자금대출을 받거나 4년 내내 힘겹게 등록금을 마련해 고난의 행군을 마쳤지만 졸업식에서 웃을 수 있는 이들은 많지 않았다. 모두가 말없이 그저 서로의 어깨를 토닥일 뿐이었다.

그렇게 20년이 흘렀다. 고통을 분담하며 국가부도 사태라는 경제위기를 비교적 단기간에 극복했지만 취업시장 사정은 전혀 나아지지 않았다. 결국 일자리를 구하지 못한 인력이 대거 창업으로 방향을 틀었으나, '업'을 새로 만든다는 의미의 창업보다는 치킨집과 편의점으로 대표되는 자영업자의 수만 기하급수적으로 늘었을 뿐이다. 자영업이 시장을 개척해 새로운 가치를 창출하는 창업이 아닌 한정된 수요를 나누는 제로섬게임이 되면서 자영업자 간 경쟁도 갈수록 치열해졌고, 성공은커녕 폐업하지나 않으면 다행인 상황이 되었다. '업'으로 자아를 실현하는 것은 언감생심, 웬만큼 먹고살기조차 어려웠다.

이런 상황이 지속되자 정부와 정치권 역시 일자리 문제를 최우선 과제로 삼았다. 2017년 대선에서도 일자리 관련 공약을 둘러싼 논쟁이 가장 치열하게 전개되었다. 당시 문재인 후보가 공공부문에서 81만 개의 일자리를 만들겠다는 공약을 내걸자 그 실효성을 두고 경쟁 후보 간 설전이 이어졌다. 다른 후보도 일자리 대책을 제시했지만 뾰족한 수는 없었다. 문재인 정부가 출범한 이후에도 어려움은 계속되고 있다. 청와대에 일자리 현황 모니터를 설치하는 등 정부가 꾸준히 관심을 쏟고 있지만 상황이 나아질 기미는 보이지 않는다.

이렇듯 시급하고 중요한 사안인 일자리 관련 문제가 사회적으로 어떻게 얼마나 언급되어왔는지 그 추이를 살펴보기 위해 지난 10여 년간의 기사와 통계, 그리고 SNS 데이터를 분석했다.

실업 대책, 지속적 관심보다는 임시방편식 대안이 많아

먼저 통계청 자료를 통해 전체 실업률과 청년실업률을 살펴보았다. 청년실업률이 집계되기 시작한 1999년 6월부터 최근까지의 자료를 대상으로 했다. 아울러 청년실업과 관련한 기사의 생산 추이도 함께 추출해 전반적인 상황을 비교 분석했다. 그 결과, 분석 기간 동안 실업률보다 청년실업률이 약 2배가량 높게 나타났으며 추이 또한 같은 양상을 보였다. 청년실업이 전체 실업률에 매우 큰 영향을 미치고 있음을 알 수 있었다. 대학 졸업 시즌인 2월에 실업률과 청년실업률이 가장 높게 나타나고, 그 뒤로는 시간의 경과에 따라 감소하는 추세가 반복되었다. 특히 2016년 2월에는 청년실업률이 역대 최고치인 12.5퍼센트를 기록했다.

관련 기사 또한 실업률이 증가하는 시기에 집중적으로 생산되었다. 그러나 가장 많은 기사가 보도된 시기는 2015년 8월로, 공공부문에도 임금피크제를 도입하겠다는 대통령 담화를 골자로 한 기사가 1,720건이나 작성되었다. 대부분의 실업 관련 기사가 정부 정책

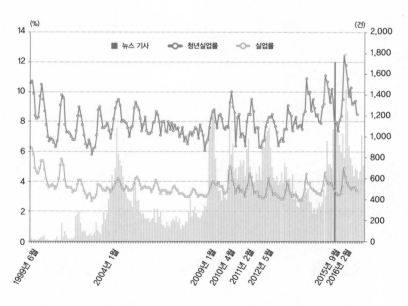

| 청년실업 관련 지표 및 뉴스 기사량 추이(1999년~2017년)

을 다루고 있었다. 즉 관련 정책 마련이 지속적으로 이루어졌다기보다는 실업률이 증가해 사회문제로 대두할 때마다 단발성 정책이 임시방편으로 쏟아져 나왔음을 알 수 있었다.

연관어에도
취업의 높은 벽 느껴져

다음으로는 실업과 취업에 대한 기사 및 SNS 연관어를 분석했다. 기사의 경우 연관어를 시기별로 비교해보았는데, 공통적으로 가장 빈번하게 출현한 연관어는 '일자리'였다. 노무현 정부에서는 민관 협동으로 추진한 대책이, 이명박 정부에서는 공공근로사업과 벤처기업 활성화 정책이, 박근혜 정부에서는 대학 구

민관 합동 실효성 애로사항
태스크포스 별다른 효과
국무조정실
일자리 통계청
노동부 사회문제 공무원
연수 기회
지방자치단체 공공근로사업

경쟁력 **활성화**
청년고용시장
벤처기업
심각성
일자리 경기침체
세제 혜택
공공근로사업 미봉책
실업난 **통계청 고용 사정**
대학 취업실

해외 취업 장기 침체
고용절벽 EU **취업** 정보망
일자리 통계청
고용노동부
대학 구조개혁 고착화
삼포세대
최고치 졸업 시즌 **정규직**

▶▶ 노무현 정부 ▶▶ 이명박 정부 ▶▶ 박근혜 정부

| 뉴스 기사에 나타난 청년실업 대책 연관어

조개혁을 통한 인력 공급 효율화 정책이 주요 키워드였다. 시기별로 각기 다른 정책이 시행되었지만 별다른 효과를 거두지 못하거나(노무현 정부) 미봉책에 그쳤고(이명박 정부) 오히려 고용절벽이 극심해지기까지 하는 등(박근혜 정부) 암울한 상황은 개선되지 않았다.

　이런 현실은 SNS에도 그대로 드러났다. 2017년 1월부터 2월까지의 트위터 게시물에는 '일'부터 여성의 고위직 진출을 가로막는 조직 내 보이지 않는 장벽을 뜻하는 '유리천장'을 비롯해 '출신 대학', '도서관', '팔자' 등의 키워드가 주로 등장하여 취업 과정의 고단함을 고스란히 느낄 수 있었다. 그런가 하면 대선후보였던 '문재인'과 '안철수'부터 '공약'에 이르기까지 새로운 정권이 시행할 정책에 대한 기대도 엿볼 수 있었다.

　건강하고 행복한 사회를 만들기 위해서는 실업문제의 해결이 우

| SNS에 나타난 취업 연관어(2017년 1월~2월)

선 필요하다. 그러나 실업률 고공행진이 계속되고 있으며 고용절벽은 나아질 기미를 보이지 않는다. 설상가상으로 다양한 이해관계자와 수많은 영향변수로 단기간에 문제를 해결하기란 불가능에 가깝다. 그렇기에 더 종합적이고 전략적인 접근이 필요하다. 어디서부터, 무엇을, 어떻게 시작해야 할까?

우선 장단기별 대책의 구분이 필요하다. 많은 전문가들의 지적처럼 단기간 예산의 투입을 통한 직접적인 지원책도 있어야 하고, 큰 그림 속에서 미래의 변화를 주도할 수 있는 기반 마련에도 자원을 투자해야 한다. 예산 투입에 있어 사회안전망 확충과 같은 시급한 문제의 경우는 즉각적 시행이 중요하지만 즉흥적이 되어서는 안 된다. 새 정부 출범 이후 20조 원 이상이 일자리 관련 예산으로 편성되었는데, 그중 30퍼센트가 아직 집행되지 않은 상황이다. 2019년에도 약 20조의 예산을 투입할 예정이다. 그전에 한 번 더 정책 실효성과 효과성을 검토해야 할 것이다. 그래야 '눈먼돈'이 생기지 않는다.

아울러 장기적으로는 4차 산업혁명으로 대표되는 새로운 산업 분야에서 일자리를 창출할 수 있도록 규제를 완화하는 등 여건 조성에 힘써야 한다. 인공지능의 도입이 본격화되는 4차 산업혁명이 기존 일자리를 감소시킬 것이라는 비관적 전망도 있지만, 오히려 이를 계기로 새로운 일의 영역을 적극적으로 발굴해야 한다. 더불어 이러한 패러다임에 적합한 인재를 효과적으로 양성하고 공급할 수 있도록 하는 대계大計야 말로 국가가 전담해야 할 영역이다.

물론 정부 정책만으로는 부족하다. 진정성을 갖춘 사회적 노력이 뒷받침되어야 한다. 갑작스러운 최저임금 인상으로 촉발된 최근의 사회갈등만 보아도 알 수 있지 않은가. 최저임금 1,000엔 시행을 위해 10년 전부터 준비한 일본의 사례가 더욱 많은 것을 생각하게 한다. 실업문제에 있어서는 좌고우면과 노심초사의 노선을 취해야 한다. 그래야 현장의 목소리에 기반하여 다양한 사회 주체들의 이해가 조정되고, 창직과 창업을 위한 창의가 발현될 수 있는 여건과 전략이 가능할 것이다.

데이터 출처

실업률 및 청년실업률 자료: 통계청, 〈경제활동인구 조사〉.

기사: 한국언론진흥재단의 빅카인즈서비스(1999년 6월~2016년 12월의 데이터를 추출함).

SNS: 닐슨코리안클릭의 버즈워드데이터(약 2,200만 개 트위터 계정에서 2017년 1월 26일~2월 25일의 데이터를 추출함).

미세먼지

이제야 자각한
오래된 위험

봄철 불청객이던 황사가 이제는 겨울에도 흔한 일이 되었다. 황사의 발원은 고비사막이나 타클라마칸사막으로 알려져왔지만, 최근 몽골 초원지대의 사막화가 급속히 진행되면서 이 지역에서도 강한 황사가 발원하고 있다. 《삼국사기》에도 토우土雨나 우토雨土라는 말이 심심치 않게 등장할 만큼 황사는 우리에게 오래된 골칫거리였다.

대기환경과 관련해 미세먼지에 대한 우려가 커지고 있다. 미세먼지는 황사에 비하면 비교적 최근에야 관심 대상이 되었는데, 국립환경과학원에 따르면 미세먼지는 입자의 지름이 10마이크로미터㎛ 이하(PM 10)인 미세먼지와 지름이 2.5마이크로미터 이하(PM 2.5)인 초미세먼지로 나뉘며, 초미세먼지는 기관지 및 폐 깊숙이 침투하여 심각한 질환을 유발할 수 있기에 특별한 주의를 필요로 한다. 황사가 자연적인 모래 먼지에서 기인한 것이라면, 미세먼지는 더 나은 삶을 위한 인간 행위의 부산물이다.

미세먼지는 황산염이나 질산염 같은 대기오염 물질과 석탄·석유 등 화석연료를 태우는 과정에서 발생하는 탄소류와 검댕 등으로 구성되어 있다. 장기간 미세먼지에 노출될 경우 면역력이 급격히 저하되어 감기나 기관지염 등의 호흡기질환은 물론 심혈관계질환과 피부질환, 안구질환 등 각종 질병에 취약해진다. 미세먼지가 건강에 심각한 위협이 될 수 있다는 사실이 알려지면서 공기청정기 판매량이 급증했고 미세먼지주의보가 발령되면 교육기관이 야외 학습을 중단하는 조치를 취하기도 했다.

황사가 미세먼지를 증가시키는 한 요인이기는 하지만 주원인은 아니다. 우리보다 중국에 더 가까이 위치한 북한의 미세먼지 수준을 보라. 평창 동계올림픽에 참석한 북한의 현송월 예술단장이 서울 사람들은 왜 그렇게 마스크를 많이 쓰는지 의아해했던 점을 생각하면 미세먼지는 산업화의 부산물로 보는 것이 더 적절하다.

2018년 1월, 미세먼지경보가 발령된 사흘 동안 서울시는 미세먼지 저감을 목적으로 대중교통을 무료로 운행했다. 하지만 하루 평균 50억 원의 시 예산을 투입한 것에 비해서는 효과가 미미하여 박원순 서울시장을 향한 비판 여론도 제기되었다. 국민 건강과 안전이 무엇보다 중요하며 소극적 대응보다는 과잉 대응이 차라리 낫다는

박 시장의 항변이 있었지만, 미세먼지 저감 효과를 노렸다기보다는 지방선거를 앞두고 벌인 전시행정이었다는 비판이 사그라들지 않았다. 요즘은 어린이집마다 미세먼지 수준을 알리는 신호등을 갖추고, 그날그날의 상황에 따라 야외 학습 실시 여부를 판단한다. 직장인들도 아침에 집을 나서기 전에 날씨와 함께 미세먼지 농도를 확인하는 일이 일상이 되었다.

미세먼지가 아예 없다면 좋겠지만 이미 뿌연 하늘이 일상의 풍경이 된 이상 대비라도 단단히 해야 할 것이다. 그러나 야외에서 일하는 이들에겐 이마저도 쉽지 않다. 거기다 미세먼지 가득한 대기보다 더 열악한 환경에서 일해온 지난 세대를 생각하라며 최근의 논란을 호들갑으로 치부하는 목소리까지 있다.

자연재해처럼 인간의 의지로 어찌할 수 없는 재난 상황을 두고 '불가항력'이라는 표현을 사용하곤 한다. 예상하지 못한 재난 앞에 인간의 저항은 보잘것없고, 한낱 인간이 기후변화라는 거대한 흐름을 거스르기란 쉽지 않겠지만 오래전부터 지구온난화를 극복하기 위해 전 인류가 노력해온 것처럼 지금부터라도 해결책을 고심한다면 미세먼지 문제에 있어서도 그 가능성을 발견할 수 있지 않을까?

사회적으로 미세먼지 문제의 심각성이 공유되자 2017년 대선에서도 모든 후보가 이에 대한 공약을 쏟아냈다. 공통적으로는 환경외교를 위한 한중일 협력 강화와 화석연료를 사용하는 화력발전소 가동 중지, 경유 차량의 생산 및 운행 축소를 골자로 했다. 장기적인 계획보다는 실현 가능성에 주안점을 두었다. 그리고 문재인 정부가 출범한 지 일주일 만인 2017년 5월 15일, 제3호 대통령 업무 지시에 미세먼지 관련 대책이 등장했다. 문재인 대통령은 선거유세 당시 임기 중 국내 미세먼지 배출량 30퍼센트 감축을 약속하면서 석탄화력발전소를 폐쇄하겠다는 의지를 피력한 바 있고, 제3호 업무 지시는 이에 대한 1차 구체안이었다. 가동된 지 30년이 넘은 노후한 석탄화력발전소 열 곳 중 여덟 곳을 6월 한 달간 가동 중지하도록 지시했고 전국 초중고교 1만 1,000여 곳에 간이 미세먼지 측정기 설치를 약속했다.

삶의 질 제고 요구가 지속적으로 늘어나면서 환경에 대한 관심과 우려도 크게 증가했다. 그렇다면 미세먼지와 관련한 우리 사회의 관심은 언제부터 본격화된 것일까? 과거에는 정말 미세먼지에서 자유로웠을까? 무엇을 어떻게 대비해왔을까? 이를 파악하기 위해 지난 20년간의 통계와 기사, SNS 언급 추이와 그 양상을 살펴보았다.

미세먼지 농도는 점차 하락했지만
사회적 관심은 급속히 증가

먼저 한국환경공단이 1998년부터 매월 발표해온 자료를 통해 실제 미세먼지 농도 변화 추이를 살펴보았다. 미세먼지 농도는 1세제곱미터^{m}의 대기 중 미세먼지가 차지하는 무게를 표시하는 세제곱미터당 마이크로미터$^{\mu g/m^3}$ 단위를 기준으로 발표한다. 통계를 살펴보니 전반적으로 봄철에 농도가 높아졌다가 시간이 경과함에 따라 조금씩 감소하는 추세를 보였다. 서울을 기준으로 연평균 1998년 59$\mu g/m^3$, 2002년 76$\mu g/m^3$까지 상승했던 미세먼지 농도가 점차 하락하여 2015년에는 45$\mu g/m^3$를 기록했다. 환경정책기본법 시행령 2조의 기준에 따르면 연평균 농도가 50$\mu g/m^3$ 이하일 경우 생활하는 데 문제가 없는 '적합'한 수준이기에 최근의 미세먼지 상황은 그리 나쁘지 않은 편이라 할 수 있다.

하지만 기사량은 다른 양상을 보였다. 2013년까지 미미했던 관련

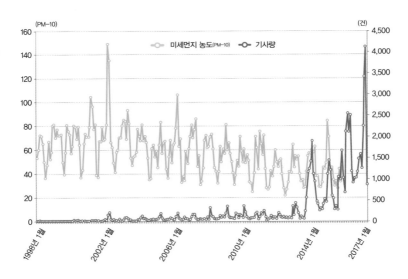

| 미세먼지 농도 및 관련 기사량 추이

기사의 수가 2014년부터 급증한 것이다. 실제 미세먼지 농도가 높아지지 않았음에도 기사량이 증가한 데에는 미세먼지에 대한 관심도, 즉 건강과 미세먼지의 위험성에 대한 인식 수준의 변화가 큰 영향을 미쳤을 것이다. 동시에 스마트폰 사용이 보편화되면서 실시간으로 미세먼지 농도를 확인할 수 있게 되는 등 관련 정보에 대한 접근이 용이해졌다는 점도 주요한 요인으로 작용했을 것이다. 우리나라 법령이 제시하는 기준보다 세계보건기구[WHO]의 권고 기준(연평균 $20\mu g/m^3$)이 훨씬 엄격하다는 점을 고려하면 현재 우리나라의 대기가 아직 만족스러운 수준은 아니기에 이에 대한 국민의 불안과 우려가 끊이지 않는 것이 어쩌면 당연한 일일지 모른다.

미세먼지 연관어,
예보와 대비에 집중

다음으로는 미세먼지와 관련해 주로 어떤 논의가 오갔는지를 살피기 위해 기사와 SNS에 나타난 연관어를 살펴보았다. 먼저 기사에는 '중국발 스모그'에 가장 많은 영향을 받는 '수도권'과 '경기도', '인천', '충청권' 등을 포함해 '주의보'와 같이 예보의 성격을 띤 연관어가 가장 빈번하게 등장했다. 다시 말해, 기사는 미세먼지의 심각성 지적이나 대책 마련 촉구보다 미세먼지 현황을 알리는 기능에 충실하고 있었다.

일주일째 중금속 **주의보** 기상청 호흡기
중국 **수도권** 오염물질
세계보건기구 충청권
강원 봄철 **인천** 불청객
환경부 예비단계 **국립환경과학원**
시민들 **중국발** 스모그 경기도 PM10

| 뉴스 기사에 나타난 미세먼지 연관어(1998년~2017년)

담배연기 **중국** 대통령 날씨 경기 **노출**
일기예보 폐질환
서울 나들이 **PM10** 내일 **현재**
발암물질 **마스크** 농도 강원 외출
문재인 황사
오늘 베이징 대기오염 정보 황사
화력발전소 **최악** 수치 폐포 침투형 **충남** 인천 호흡기
충북 대기오염 환기 조회 서비스 공기청정기

| SNS에 나타난 미세먼지 연관어(2017년)

반면 SNS에는 미세먼지에 실제로 대비하는 방법과 관련한 키워드가 두드러졌다. 가장 빈번하게 출현한 연관어는 '마스크'였고, 이와 함께 '대기오염 정보', '조회 서비스', '농도', '공기청정기' 등이 눈에 띄었다. 또한 '오늘', '현재', '내일' 등의 연관어로 미루어볼 때 미세먼지를 먼 미래나 과거의 일이 아닌 지금 마주하고 있는 위험으로 인식하고 있음을 알 수 있었다. 그리고 '황사', '발암물질', '폐포 침투형', '폐질환', '호흡기' 등 미세먼지의 원인과 그 위험성을 설명하는 연관어도 볼 수 있었는데, 미세먼지에 대한 구체적인 지식도 개인 간에 공유된 것으로 보인다.

문재인 정부는 국민 삶의 질 개선을 최우선 국정 과제로 제시했다. 삶의 질에 있어 환경요인이 중요한 만큼, 앞으로도 안전하고 쾌적한 삶에 대한 국민들의 요구는 더욱 커질 것이다. 문제는 삶의 질을 개선하는 데 필요한 자원과 에너지다. 편안하고 편리한 삶에는 그만큼의 비용이 든다. 그러나 미세먼지 문제는 비용뿐 아니라 다른 차원으로의 접근도 필요하다. 합리적 대안과 성숙한 시민의 참여 방법을 마련해야 한다.

환경문제는 사회 구성원의 건강과 직결되며, 건강과 환경 모두 한번 나빠지면 회복하는 데 엄청난 시간과 노력을 들여야 한다는 공통점이 있다. 그렇기에 정부는 적극적으로 장단기 대책을 마련하고 사회 구성원 각각도 가능한 범위에서 노력을 다해야 할 것이다.

과학기술의 발전은 인간 유한성의 의미를 완전히 바꿔놓았다. 인간 수명은 획기적으로 늘었고, 자연의 변화를 감지하고 예측하는 능력 역시 엄청나게 발전했다. 인공지능 도입이 본격화되면 이 흐름은 더욱 가속화할 것이다. 오랜 시간이 걸리긴 했지만 오염된 강을 생명의 강으로 회복시킨 사례도 몇 차례 경험하지 않았는가. 미세먼지, 나아가 우리가 살아가는 환경을 바꾸는 일도 작지만 의미 있는 한 걸음에서 시작되어야 한다. 한 사람이 거대한 변화를 만들기는 어렵지만 모든 변화는 한 사람으로부터 시작된다는 점을 명심하고 지금 우리가 할 수 있는 일을 찾는 것이 중요하다. 우리의 미래는 후손들이 마주할 현재이기 때문이다.

데이터 출처

미세먼지 농도: 한국환경공단의 에어코리아airkorea.or.kr, 〈대기환경 연월보〉.
기사: 한국언론진흥재단의 빅카인즈서비스(1998년~2017년의 데이터를 추출함).
SNS: 닐슨코리안클릭의 버즈워드데이터(2017년 4월~12월의 데이터를 추출함).

인간의
반면교사

인공지능

사회가 변화함에 따라 인간의 일은 변하고 인간의 일이 변화함에 따라 사회도 다시 변화한다. 인간의 일과 사회가 서로서로 영향을 미치는 유기체적 관계인 셈이다. 기술은 인간의 일을 변화시키는 매우 중요한 요인이다. 즉, 기술 발전은 사회 변화를 추동하는 한편 인간의 일을 소멸, 통합, 분화, 생성되게 하는 원인으로 작용한다.

인공지능은 이제까지 존재하지 않았던 획기적인 기술이다. 수동적이고 도구적인 역할을 했던 자동화 기술을 1세대 기술이라고 한다면 자동화 기술을 포함한 정보통신, 인공지능, 사물인터넷 등 새로운 차원의 기술은 2세대 기술이라 할 수 있다. 다시 말해 1세대 기술이 주로 블루칼라로 대표되는 노동집약적 산업군에서 인간을 대체했다면 인공지능의 도입으로 이제는 사무직 등 화이트칼라의 일뿐 아니라 인간만이 할 수 있다고 믿었던 금융계, 법조계, 의료계, 언론 계의 일까지도 기계가 대신하게 될 가능성이 높아진 것이다.

인공지능의 등장으로 인간의 일과 사회 변화를 예측하기가 한층 더 어려워졌다. 인공지능의 발전은 단순한 기술 도입 및 확산의 문 제가 아니라 사회 구성원들의 삶의 방식과 지향하는 가치에 큰 영향 을 미칠 수 있는 혁신적 사건이기 때문이다. 다시 말해 가족구조의 변화와 더불어 1인 가구의 증가, 평균수명 증가로 인한 전반적인 사 회 고령화와 사회적 가치 및 개인적 지향의 변화 등이 기술 변화와 조응할 것이다.

2014년 10월, 테슬라의 창업자 일론 머스크는 "인공지능 연구는 악마 소환술과 같다"며 인공지능을 인류를 위협하는 위험한 존재로 규정했다. 스티븐 호킹 또한 "인공지능 개발이 인류 전체의 멸망을 가져올 수 있다"며 인간과 기계의 경쟁에서 기계의 우위를 예측했 다. 인공지능 기술의 잠재력과 발전 가능성에 비해 해당 기술을 제 어할 메타 기술 및 규범에 대한 충분한 논의가 이루어지지 않았기에 이 같은 부정적 전망이 나온 것이리라. 그렇기에 인공지능 도입이 가져올 부작용을 최소화할 수 있도록 지금부터 그 대책을 마련하는 데 힘을 쏟아야 할 것이다. 특히 기술의 변화 속도에 비해 사회 변화 의 속도가 더딘 만큼, 장단기 대책을 구분하고 신중하게 방안을 논 의해야 한다.

우려가 가장 두드러지는 부분은 역시 일자리 문제다. 그러나 기계가 인간을 대체하면서 대규모 실업이 발생하리라는 공포는 과거에도 여러 차례 나타난 바 있다. 1812년 영국에서 벌어진 러다이트운동부터 1950~1960년대 자동화에 대한 저항까지 형태도 다양했다. 근대 이후 경제발전은 주로 직업상의 특화, 즉 애덤 스미스가 말하는 분업에 크게 의존해왔다. 그런데 자동화와 IT 기술 도입으로 하나의 작업이 전문화되고 특화될수록 자동화에 취약해지는 모순이 생겼다.

더욱이 인공지능이 도입되면 실업이나 임금 하락 등을 넘어 직업군이 통째로 소멸될 수 있다는 점에서 문제가 심각하다. 직업의 소멸은 결국 노동 현장에서 인간의 완전한 소외를 의미하기 때문이다. 그래서 아이러니하게도 인공지능이 사회적 이슈가 되자 '인간'에 대한 본질적 성찰 또한 다시 시작되고 있다.

아울러 인공지능은 하층계급 노동자가 주로 담당하는 직업을 가장 먼저 대체할 것이기에 사회·경제적 불평등이 심화하리라는 우려도 크다. 그렇잖아도 급격히 증가하고 있는 하층계급 구성원들은 임금 하락이나 직업의 소멸로 더욱 극심한 경제적 궁핍에 처하게 되리라는 전망이 나온다. 반면 최상위계층은 인공지능을 활용해 저렴한 비용으로 생산성을 증대시켜 더 많은 부를 축적할 것이고, 양극화는 더욱 극심해질 것이다.

한편 이윤 분배의 문제도 대두된다. 인공지능 도입으로 발생한 이

윤을 어떻게 분배해야 하는가? 현재까지는 기술 발달로 발생한 잉여 이윤 대부분이 자본가에게 집중되어왔다. 그러다 보니 경제 양극화뿐 아니라 계급 간 생활방식과 가치관까지 크게 달라져 계층 간의 충돌과 갈등이 심해졌다.

이처럼 다양한 변화를 가져올 인공지능에 대한 논의가 우리 사회에서는 언제부터 시작되었고, 그 계기는 무엇이었을까? 또 구체적으로 어떤 논의가 오갔을까? 이를 파악하기 위해 1990년부터 최근까지의 기사량 추이와 그 내용을 살펴보았다.

알파고 등장 이후
인공지능 논의 본격화

지난 30년간의 기사량 추이를 보니 인공지능은 1994년부터 조금씩 언급되기 시작했다. 초기 언급은 냉장고나 세탁기 등 가사를 자동화하는 가전제품과 관련한 것이 많았다. 그러다 바둑기사 이세돌과 알파고의 대결이 있던 2016년 3월에 관심도가 급증했다.

이세돌 9단은 기계학습을 넘어 딥러닝 기술까지 보유한 알파고와의 대국에서 4대 1로 맥없이 무릎을 꿇고 말았다. 이후 세계 랭킹 1위의 바둑기사 중국의 커제마저 5대 0으로 알파고에게 패배하며, 경우의 수가 무한대에 가깝다는 바둑에서도 인간은 인공지능을

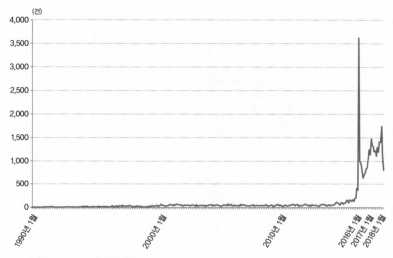

인공지능 관련 기사량 추이(1990년~2017년)

상대할 수 없게 되었다. 이 '알파고 쇼크'를 계기로 인공지능에 대한 두려움이나 인간 능력의 한계를 둘러싼 새로운 담론이 활성화되었다. 나아가 인공지능에게 어떤 윤리적 기준을 적용할 것인가 하는 문제도 대두되었다. 소설가 아이작 아시모프 Isaac Asimov가 제시한 '로봇 3원칙'*을 기본으로 한 논의가 현재까지 활발히 진행되고 있다.

---

* 아시모프가 자신의 소설에서 제안한 로봇의 작동 원리다. 1. 로봇은 인간에게 해를 입혀서는 안 되고, 행동하지 않음으로써 인간에게 해가 되어서도 안 된다. 2. 제1원칙에 위배되지 않는 한, 로봇은 인간의 명령에 복종해야 한다. 3. 제1원칙과 제2원칙에 위배되지 않는 한, 로봇은 스스로를 지켜야 한다.

| 뉴스 기사에 나타난 인공지능 연관어(2016년 1월~2017년 12월)

  기사에 등장한 연관어 역시 알파고와 이세돌 9단의 대결과 관련한 키워드가 가장 많았다. 이 외에도 '빅데이터', '딥러닝', '자율주행 자동차', '음성인식' 등 인공지능을 구성하는 기술이나 활용한 기술 등도 빈번하게 등장했다. 알파고를 만든 '구글'과 함께 'IBM', '마이크로소프트' 등 관련 기술을 개발하는 외국 기업은 물론 '네이버', '삼성전자', 'KT', 'LG전자' 등 국내 기업에 대한 언급도 볼 수 있었다.

  이 밖에는 기대나 희망보다 인공지능이 가져올 부작용에 대비하려는 내용이 주를 이뤘다. '일자리', '위험성' 등이 대표적이었고, 인공지능이 '의사결정'에도 영향을 미치게 되리라는 예측과 인공지능을 활용할 '사용자', '사람들' 또한 연관어로 등장했다.

인공지능,
인간과의 평화로운 공존은 요원한가

지금의 상황대로라면 기술 발전은 더욱 가속화할 것이고 그렇다면 변화는 불가피하다. 이제는 우울한 전망만 내놓기보다 새로운 가능성을 모색하는 쪽으로 방향을 틀 때다. 인공지능이 나쁜 결과만을 가져오지는 않을 것이다. 산업혁명 이래 새로운 기술 도입으로 몇몇 직업군이 위기를 맞긴 했지만 그만큼 새로운 직업도 많이 탄생하지 않았는가. 인공지능이 인간을 대체하는 만큼, 이제까지 존재하지 않았던 새로운 시장과 가치에 대한 탐색과 발굴이 펼쳐질지 모른다.

나아가 인공지능이 가져다줄 새로운 잉여 자원에 대해서도 지금부터 논의를 시작해야 할 것이다. 특히 시간 자원에 주목할 필요가 있다. 인공지능이 많은 노동을 대체함에 따라 인간의 노동시간이 현재보다 줄어들면, 자연스레 사회 구성원 전체의 여가시간이 늘어날 것이다. 다만 직업이 개인 정체성을 거의 규정하다시피 하는 지금의 상황을 고려해 새로운 정체성 정립 방안을 마련하는 등 사회 혼란을 야기할 정체성 문제에 신중하게 접근해야 한다. 물론 우리는 돈을 벌어 생계를 유지하기 위해 일을 하지만, 직업은 개인의 존재 가치를 증명하는 수단이기도 하기 때문이다.

인간은 더욱 편리하고 즐거운 삶을 누리기 위해 기술을 개발해왔고, 지금도 개발하고 있다. 이제 노동을 다른 관점으로 바라보아야 한다. 직업의 가치를 지금까지와는 다르게 평가하는 한편 새롭게 얻게 될 시간 자원을 생산적이고 효과적으로 활용할 수 있도록 대비한다면 인공지능 시대에도 아노미적 혼란 없이 적응할 수 있을 것이다.

동시에 자원 분배에 대한 새로운 구상도 이어가야 한다. 많은 이들이 직업을 잃는 상황에서도 일정한 생산과 소비가 유지되어 시장 경제가 문제없이 작동할 수 있도록 새로운 시스템을 구축해야 할 것이다. 현재는 기본소득을 중심으로 논의가 활발하게 펼쳐지고 있다. 인공지능 로봇이 사람의 일을 대체하면 다수의 사람들이 일정한 소득수준을 유지하지 못하게 된다. 즉 최소한의 안전망을 마련하지 못한 채 본격적인 인공지능 시대를 맞는다면 사회 구성원 대다수의 생존 가능성이 불투명해지고 양극화가 확대되며 현재의 경제 시스템이 마비될 것이기에, 인공지능이 가져올 경제적 이익을 기본소득이라는 제도를 통해 사회 구성원에게 공평하게 분배해야 한다는 주장이 힘을 얻고 있다.

인공지능은 인간의 손에서 탄생했지만 다시 인간에게 많은 성찰의 주제를 던진다. 반려로봇과 가족에 대한 논의도 그렇다. 멀리 있는 가족보다 가까이에 있는 반려동물에 대한 애정이 훨씬 크다는 얘기가 이미 새롭지 않다. 인터넷 기술로 인해 가족 간의 직접적인 대면접촉이나 상호작용이 축소되면서 심리적 거리가 멀어지고 서로 분절화되는 사례를 경험한 상황에서 반려로봇의 등장은 '나만을 위한' 또 다른 관계의 출현으로 받아들여지고 있다.

이제 우리는 '관계에서 진정으로 원하는 것'에 대해 다시 고민해야 한다. 다소간 불확실성을 안고 판단력을 갖춘 인격적 주체와 감정을 교류할 것인가, 아니면 통제 가능한 수동적 주체에게 내가 원하는 감정만을 얻을 것인가의 문제다. 조금은 이른 논의일지 모르지만 나를 둘러싼 관계를 다시 한 번 성찰할 때인 것만은 분명하다.

데이터 출처

한국언론진흥재단의 빅카인즈서비스(1990년~2017년의 데이터를 추출함).

4차 산업혁명

우리 사회에서 ——————
4차 산업혁명의 의미는?

우리가 마주할 미래는 어떤 모습일까? 켜켜이 쌓인 과거의 시간이 오늘을 구성하듯 지금 이 순간이 모여 미래를 만든다. 과거의 궤적은 미래를 내다보는 가늠자가 된다. 말 그대로 아직 오지 않은 미래**이기에 각자의 가늠자를 동원해 그 모습을 그린다. 변하는 것과 변하지 않는 것, 결국 변화를 기준으로 미래는 예측된다. 물론 변하지 않을 것에 대한 안도 섞인 체념과 변화를 향한 기대와 불안이 복잡하게 얽혀 있을 것이다.

지난 세기말, 'Y2K(Year 2000)'를 두고 전 세계는 불안에 떨었다. 전산 시스템이 인식하는 연도 표기는 두 자리로 구성되는데, 해가 2000년으로 접어드는 순간 전산 시스템의 두 자리 표기에 오류가 발생해 큰 혼란이 닥칠 것이라는 내용이었다. 작게는 개인정보의 출생 연도 표기 오류부터 예금이자 계산과 관련한 금융기관의 연도 표기 오류, 원자력발전소의 시스템오류, 항공기의 자동항법장치와 위성 관제 시스템 마비까지 전산 시스템을 사용하는 모든 영역에서 오류가 발생할 것이라는 예측이었다. 나아가 핵미사일을 제어하는 장비가 오류를 일으켜 뜻하지 않게 전쟁에 돌입할 수도 있다는 전망까지 발표되면서 세계는 불안과 공포에 휩싸였다.

그러나 상황의 심각성을 인식한 정부가 대응책을 마련했고, 결과적으로 큰 피해나 혼란 없이 지나갈 수 있었다. 철저한 대비로 혼란을 막은 것인지, 아니면 실제보다 훨씬 과장된 최악의 시나리오가 유포되었던 것인지는 여전히 알 수 없지만 영화 〈터미네이터 Terminator〉에 묘사된 암울한 미래, 인간의 편의를 위해 개발한 기계와 기술이 도리어 인간에게 위협을 가하는 상황이 허황된 상상만은 아님을 실감하는 계기가 되었다.

겪지 않은 미래라도 그 모습이 예측 가능하다면 불안하지 않을 것이다. 두려울 수는 있다. 다가올 위험의 모습이 명확해질 때 이를 극복할 수 있다면 두려움보다는 기대가 앞서겠지만, 극복이 어렵다면 두려움은 당연한 것이다. 경험한 적이 없는 데다 예측도 어렵기에 불안이 찾아오고, 심하면 공포를 느끼게 된다. 미래를 향한 기대나 불안이 어디에서 기인하는지, 현실과는 어떤 관련이 있는지를 파악하는 것이 중요하다.

4차 산업혁명과
미래 사회

4차 산업혁명을 둘러싼 사회적 논의가 활발히 이루어지고 있다. 2016년 1월에 개최된 '세계경제포럼World Economic Forum, WEF'에서 의제로 채택된 이후, 4차 산업혁명은 세계적인 이슈가 되었다.

1, 2차 산업혁명은 각각 증기와 전기에 의한 생산의 기계화와 대량화를 특징으로 한다. 노동력과 천연자원에 기반한 대량생산으로 재화財貨의 대중화가 실현되었고 제조업이 성장을 이끌었다. 이후 나타난 3차 산업혁명은 IT 기술의 발전에 따른 생산성 제고와 일상의 네트워크화로 설명된다. '정보통신 혁명'이라는 말에 잘 드러나듯 물리적인 네트워크와 함께 네트워크를 통해 유통되는 정보와 콘텐츠의 중요성이 강조되었고, 새롭게 등장한 온라인 환경은 개인은 물론 기업과 국가에 이르기까지 총체적으로 영향을 미쳤다.

이에 비해 4차 산업혁명은 아직 완전히 도래하지 않았다는 점에서 과거의 혁명적 변화와 구분된다. 따라서 다양한 전망이 쏟아져 나오고 있는데 대체로 4차 산업혁명은 인공지능, 사물인터넷, 클라우드컴퓨팅, 빅데이터의 융합, 드론, 3D 프린팅, 가상현실 등의 보편화로 인해 생산 및 소비의 패러다임이 완전히 변화하는 상황으로 설명된다. 이 모든 것은 데이터와 알고리즘을 토대로 한다. 인간과 사물(기계)이 생산한 엄청난 양의 데이터를 인간이 만든 알고리즘에 따라 인공지능 같은 시스템이 분석하고, 분석 결과를 바탕으로 사물(기계)이 스스로 판단, 행동하게 되는 사회가 되리라는 것이다. 하지만 구체적으로 무엇이 어떻게, 얼마나 변화할지에 대해서는 여전히 주장만 무성한 상황이다. 과거의 경험을 토대로 한 분석이 아니라 예측과 전망을 중심으로 논의를 진행하다 보니 피상적인 기대와 우려가 다양하게 나타나고 있다.

이러한 맥락에서 4차 산업혁명을 키워드로 우리 사회에서 언제부터, 어떤 논의가, 얼마나 이루어져왔는지 살펴보았다. 이미 4차 산업혁명이라는 용어가 학술적·산업적인 개념에 머물지 않고 일상에서 흔히 사용하는 표현이 되었기에 국민의 관심도를 살피는 데 무리가 없을 것이라 판단했고, 기술 발전이 가져올 미래에 대한 전반적인 사회 인식을 파악할 수 있으리라 기대했다.

2016년 1월 이후
4차 산업혁명에 대한 관심 폭증

먼저 언제부터 4차 산업혁명에 대한 관심도가 높아졌는지, 구글이 제공하는 트렌드서비스를 이용해 '4차 산업혁명'과 함께 영문 표현인 'The Fourth Industrial Revolution'의 검색량 추이를 살펴보았다. 먼저 2013년 이후 주간 검색량을 추출한 뒤 가장 많은 검색량을 기록한 2017년 6월 둘째 주를 100퍼센트로 설정하고 각 시기별 검색량의 상대적 비율을 계산했다.

그 결과, 흥미롭게도 '4차 산업혁명'의 검색량 추이와 영문 표현의 검색량 추이가 완전히 다른 흐름을 보이고 있었다. 세계경제포럼이 열린 2016년 1월을 기점으로 한국에서나 외국에서나 4차 산업혁명에 대한 관심이 급증하는 공통적인 흐름을 보이기는 했으나, 그 이후 세계적인 관심도는 감소한 반면 우리 사회에서는 계속해서 증폭하는 양상으로 이어졌다. 한국 사회에서는 4차 산업혁명이 미래를

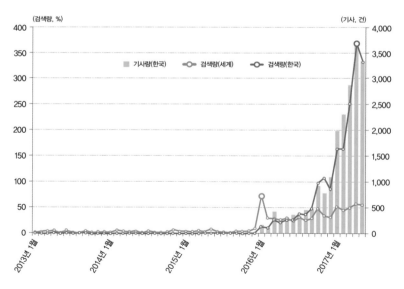

| 4차 산업혁명 검색량과 관련 기사량 추이(2013년 1월~2017년 5월)

전망하는 핵심 키워드로 완전히 자리를 잡았고 그 관심이 계속해서 확대된 것이다.

그렇다면 4차 산업혁명과 함께 어떤 단어를 주로 언급했는지, 그 논의의 내용을 구체적으로 살피기 위해 기사 및 SNS에 나타난 연관어를 분석해보았다. 여타 SNS 채널에 비해 블로그에서는 의견과 주장을 보다 체계적으로 개진할 수 있기에 이번에는 블로그를 분석 대상으로 설정했다.

선거 과정에서의
정치적 수사

블로그에서는 '기술', '정부', '대통령 후보', '일자리', '기업' 등이 주요 연관어로 나타났다. 검색량 폭증 시기를 고려하면 4차 산업혁명에 대한 직접적인 관심보다는 2016년 말에 시작된 대선에서 일자리 관련 이슈로 4차 산업혁명이 부각되자 이를 계기로 사회적 관심도가 급증한 것으로 보인다.

4차 산업혁명을 구성하는 '인공지능', '로봇', '빅데이터' 등도 있었지만 '문재인', '안철수'를 비롯해 '정책', '대선', '공약' 등이 함께 출현했다. 4차 산업혁명 시대, 부족할 '일자리' 확충을 위한 '정책' 마련의 필요성과 '대학'의 '교육' '혁신'을 통한 '새로운' '산업' 및 '서비스' 창출을 위한 '투자'와 '지원'의 중요성이 대두한 것이다.

| 블로그에 나타난 4차 산업혁명 연관어(2017년 4월~2018년 3월)

| 뉴스 기사에 나타난 4차 산업혁명 연관어(2013년 1월~2018년 3월)

4차 산업혁명 자체에 대한 관심이나 기대보다는 정권교체 국면에서 앞으로 우리 사회가 마주할 미래 위기 상황을 설명하는 용어로 4차 산업혁명을 활용한 결과다. 기사 역시 대개는 4차 산업혁명이 가져올 미래를 전망하는 한편 그와 관련한 주요 개념을 설명하는 데 상당한 지면을 할애하고 있었다. 블로그 연관어와 마찬가지로 '일자리'를 비롯한 선거 관련 키워드도 다수 등장했다.

인류 역사에서 새로운 기술의 도입과 확산은 언제나 사회 변화를 가져왔다. 더욱이 4차 산업혁명은 인공지능 활용의 본격화 등으로 과거와는 완전히 다른 전면적인 변화를 가져오리라는 전망이 일반적이다. 미래에는 무엇이 우리를 먹여 살릴 것인지, 변화와 성장을 향한 관심은 당연한 일이다. 그렇기에 4차 산업혁명에 대한 우리 사회의 뜨거운 관심은 반가웠지만, 자세히 살펴보니 전반적으로 체계적 대응을 위한 관심보다는 정치적 필요에 의한 '수사修辭'에 그치는 듯해서 아쉬움이 컸다.

과거 IT 기술과 정보통신 기술을 바탕으로 IMF 경제위기를 극복한 것처럼, 미래에도 변화와 위기를 성장을 위한 기회로 삼을 수 있도록 준비해야 한다. 특히 부족한 일자리 문제가 현재 우리 사회의 핵심 과제이고, 인공지능을 비롯한 새로운 기술의 출현으로 일자리 문제가 더욱 심각해지리라는 불안이 두드러지고 있다. 이렇게 불안과 우려의 지점이 파악된 만큼 이에 대한 효과적인 대비가 이루어지고 그것이 새로운 가치와 시장의 창출로 연결된다면 변화에 대한 불안은 오히려 새로운 도약을 위한 기회로 바뀌게 될 것이다.

연관어 중에는 새로운 기술을 활용해 상품과 서비스를 개발해야 할 기업의 이목을 끌 만한 키워드도 있었고, 아울러 정부의 정책 지원과 산업 육성을 요구하는 목소리도 있었다. 기업은 혁신적 기술을 통해 새로운 가치를 창출해야 한다. 정부 역시 거시적 관점으로 국정 계획을 수립하고 혁신 사회에서 새로운 가치가 창출될 수 있도록 환경 조성에 힘을 쏟아야 한다.

이런 흐름에서 대통령 직속기관 '4차산업혁명위원회'의 출범은 큰 의미를 가진다. 얼마 전 해산한 1기 위원회의 활동 결과를 두고 약간의 비판이 일긴 했지만, 변화를 체계적으로 분석하여 기술과 산업을 육성할 다양한 전략을 세우는 한편 불필요한 규제를 없애고자 다채로운 노력을 쏟았다는 점에서 활동은 충분히 유의미했다. 1년간의 활동을 통해 새로운 과제와 가르침도 얻었다. 이를테면 교통난 해소를 위해 카풀 서비스를 기획하고 공유경제 플랫폼을 토대로 서비스를 시행하려 힘을 썼지만 택시업계의 강한 반대로 사업에 착수하지 못한 사례에서, 우리는 국민 대다수가 필요로 하는 사업이라도 직접적인 이해관계자의 동의를 얻지 못하면 한 걸음도 제대로 뗄 수 없다는 교훈을 얻을 수 있었다.

4차 산업혁명에 제대로 대응하기 위해서는 수많은 방면에 촉각을 곤두세워야 한다. 4차 산업혁명의 의미를 사회적으로 정확하게 규정하는 한편 4차 산업혁명을 가져올 기술개발에 뒤처지지 않도록 각

분야의 세계 동향을 계속해서 주시하고, 4차 산업혁명을 왜 이토록 철저하게 대비해야 하는지 사회 구성원의 공감과 동의도 얻어야 한다. 직접적인 이해관계자들을 납득시키는 한편 사회 구성원 모두가 새로운 기술을 기꺼운 마음으로 받아들일 수 있도록 국민의 우려와 불안을 잠재우려는 노력에도 소홀해서는 안 된다. 그래야만 미래가 어떤 모습이든 슬기롭게 맞을 수 있을 것이다.

데이터 출처

기사: 한국언론진흥재단의 빅카인즈서비스(2013년 1월 이후의 데이터를 추출함).

SNS: 닐슨코리안클릭의 버즈워드데이터(블로그 게시물을 대상으로 2017년 4월~2018년 3월의 데이터를 추출함).

검색량 추이: 구글트렌드서비스(2013년 1월 이후의 데이터를 추출함).

지금, 한국을 읽다

빅데이터로 본 우리 마음의 궤적

초판 1쇄 인쇄 2018년 11월 25일
초판 1쇄 발행 2018년 11월 30일

지은이 배영 **펴낸이** 김종길 **펴낸 곳** 글담출판사 **브랜드** 아날로그

기획편집 이은지·이경숙·김진희·김보라·김은하·안아람 **마케팅** 박용철·김상윤
디자인 정현주·박경은·손지원 **홍보** 윤수연·김민지 **관리** 박은영

출판등록 1998년 12월 30일 제2013-000314호
주소 (04029) 서울시 마포구 월드컵로 8길 41 (서교동)
전화 (02) 998-7030 **팩스** (02) 998-7924
페이스북 www.facebook.com/geuldam4u **인스타그램** geuldam
블로그 http://blog.naver.com/geuldam4u

ISBN 979-11-87147-33-6 03300
* 책값은 뒤표지에 있습니다.
* 잘못된 책은 구입하신 곳에서 바꾸어 드립니다.

* 이 도서는 한국출판문화산업진흥원 2018년 우수출판콘텐츠 제작 지원 사업 선정작입니다.

* 이 도서의 국립중앙도서관 출판시도서목록(CIP)은 e-CIP 홈페이지(http://www.nl.go.kr/ecip)
  와 국가자료공동목록시스템(http://www.nl.go.kr/kolisnet)에서 이용하실 수 있습니다.
  (CIP 제어번호 : 2018036839)

만든 사람들————
책임편집 김은하 **표지 디자인** 정현주 **본문 디자인** 손지원 **교정·교열** 홍상희

글담출판에서는 참신한 발상, 따뜻한 시선을 가진 원고를 기다리고 있습니다.
원고는 글담출판 블로그와 이메일을 이용해 보내주세요. 여러분의 소중한 경험과 지식을 나누세요.
블로그 http://blog.naver.com/geuldam4u **이메일** geuldam4u@naver.com